COORDENAÇÃO EDITORIAL
Andrea Lorena Stravogiannis

AUTISMO
UM MUNDO SiNGULAR

© LITERARE BOOKS INTERNATIONAL LTDA, 2022.

Todos os direitos desta edição são reservados à Literare Books International Ltda.

PRESIDENTE

Mauricio Sita

VICE-PRESIDENTE

Alessandra Ksenhuck

DIRETORA EXECUTIVA

Julyana Rosa

DIRETORA DE PROJETOS

Gleide Santos

RELACIONAMENTO COM O CLIENTE

Claudia Pires

EDITOR

Enrico Giglio de Oliveira

ASSISTENTE EDITORIAL

Luis Gustavo da Silva Barboza

REVISORES

Ivani Rezende

CAPA

Victor Prado

DESIGNER EDITORIAL

Lucas Yamauchi

IMPRESSÃO

Gráfica Paym

Dados Internacionais de Catalogação na Publicação (CIP)
(eDOC BRASIL, Belo Horizonte/MG)

A939 Autismo: um mundo singular / Coordenadora Andrea Lorena Stravogiannis. – São Paulo, SP: Literare Books International, 2022.
208 p. : 16 x 23 cm

ISBN 978-65-5922-354-1

1. Educação. 2. Inclusão social. 3. Autismo. I. Stravogiannis, Andrea Lorena.

CDD 616.8982

Elaborado por Maurício Amormino Júnior – CRB6/2422

LITERARE BOOKS INTERNATIONAL LTDA.

Rua Antônio Augusto Covello, 472
Vila Mariana — São Paulo, SP. CEP 01550-060
+55 11 2659-0968 | www.literarebooks.com.br
contato@literarebooks.com.br

SUMÁRIO

7   PREFÁCIO
        Andrea Lorena Stravogiannis

9   DÚVIDAS E INTUIÇÃO DOS PAIS: DA SUSPEITA AO DIAGNÓSTICO DO TRANSTORNO DO ESPECTRO AUTISTA. UMA VIAGEM DE AMOR
        Alicia Viviana Méndez de Rosales

17   "NADA SOBRE NÓS SEM NÓS": OS IMPACTOS DA PANDEMIA EM CRIANÇAS COM TRANSTORNO DO ESPECTRO AUTISTA, POR MEIO DA PERCEPÇÃO DOS RESPONSÁVEIS
        Aline Lourenço Bittencourt e Rosane Moreira Silva de Meirelles

25   AUTISMO, ESCOLA E FAMÍLIA: A PRÁTICA PEDAGÓGICA QUE TRANSFORMA
        Ana Cordeiro

35   DESVENDANDO A AVALIAÇÃO AUDIOLÓGICA NO TEA
        Ana Emília Linares Pereira

43   AUTISMO E INCLUSÃO ESCOLAR: PRIMEIRAS PERCEPÇÕES E APROXIMAÇÕES
        Antoniel Gonçalves

51   BENEFÍCIOS DA ATIVIDADE FÍSICA PARA CRIANÇAS COM TRANSTORNO DO ESPECTRO AUTISTA
        Carolina Robortella Della Volpe

61   A CIÊNCIA ABA, EU E BERNARDO
        Dejane Menezes

69   MEU FILHO TEM AUTISMO. E AGORA?
        Eloane Coutinho

77   DESAFIOS E POSSIBILIDADES NA JORNADA DO JOVEM ADULTO COM TEA
        Fabiana Coimbra Noronha

85	A LINGUAGEM DENTRO DO TRANSTORNO DO ESPECTRO AUTISTA (TEA) **Fernanda Neves**
93	CONTRIBUIÇÕES DA NEUROPSICOLOGIA AO AUTISMO: AVALIAÇÃO NEUROPSICOLÓGICA DAS FUNÇÕES EXECUTIVAS DO TRANTORNO DO ESPECTRO AUTISTA **Gleiciene Rosário dos Reis Cruz**
103	GRITOS DO APRENDER **Kaligina Araújo Machado**
111	A ESTRUTURAÇÃO DA ROTINA PARA A CRIANÇA COM AUTISMO NO CONTEXTO DOMICILIAR **Léia de Andrade Tessarini**
119	OS SINAIS PRECOCES DO TRANSTORNO DO ESPECTRO AUTISTA **Luciana Garcia de Lima**
127	AUTISMO: UMA MANEIRA DIFERENTE DE SER, SENTIR E VER O MUNDO **Maria Pereira da Rocha Martins**
133	AUTISMO: COMO SAÍ DO LUTO À LUTA **Mariana Rocha**
141	DESMITIFICANDO ABA – ANÁLISE DO COMPORTAMENTO APLICADA – NO PROCESSO DE ENSINO **Marinalva Flores Valensuela**
147	INCLUSÃO ESCOLAR NA PERSPECTIVA DA ANÁLISE DO COMPORTAMENTO APLICADA **Nathalia Belmonte**
155	VISÃO DE MÃE TEA (TRANSTORNO DO ESPECTRO AUTISTA) X VISÃO DE NUTRICIONISTA INTEGRATIVA **Samidayane Moreira Guerra**
163	AUTISMO NA VIDA ADULTA: DESAFIOS E POSSIBILIDADES DE INCLUSÃO NO MERCADO DE TRABALHO **Silvia M. Kanawa**
173	AS CONTRIBUIÇÕES DA EQUIPE GESTORA ESCOLAR NO DESENVOLVIMENTO DE UMA ESCOLA INCLUSIVA **Simone Maia Guerra**

181   "AUTISMO: UM MUNDO DE EXPECTATIVAS": DA PRESENÇA DOS CUIDADORES NAS TERAPIAS AO DESENVOLVIMENTO INFANTIL, UMA DÍADE NECESSÁRIA
Socorro Ribeiro e Yloma Rocha

189   A IMPORTÂNCIA DAS HABILIDADES PSICOMOTORAS EM CRIANÇAS COM TRANSTORNO DO ESPECTRO AUTISTA (TEA)
Sonaira Fortunato Pereira

201   INTERVENÇÃO PRECOCE: NOSSA HISTÓRIA
Vanessa Borato Mafra

PREFÁCIO

Diagnóstico: autismo. Quando os pais de uma criança autista recebem essa notícia, um universo totalmente desconhecido se abre. De agora em diante, o mundo singular, o universo próprio que seus filhos criaram e que eles observavam de perto passa a ter um nome. O nome de um transtorno que provoca incertezas a respeito do presente e do futuro da criança. E, claro, dos próprios adultos.

É verdade que processar os sentimentos que surgem nessa fase inicial de descoberta, e até mesmo acolhê-los, vem com o tempo. Percorremos um caminho, muitas vezes solitário, até nos sentirmos fortes emocionalmente e informados o suficiente para acessar esse lugar tão particular de ser, sentir e enxergar o mundo que o autista ocupa. E está tudo bem passar por esse processo.

O importante durante essa fase de diagnóstico e ao longo da formação da criança é contar com uma rede de apoio que ajude a compreender e a superar os desafios diários. Cercar-se de afeto e informações que desmistifiquem o transtorno e que ajudem a combater o preconceito.

E esse livro, *Autismo: Mundo Singular*, tem o nobre objetivo de integrar conhecimento e vivências reais apresentadas por familiares de autistas para que você percorra uma trilha não somente instrutiva, mas também de muita troca e acolhimento.

Você verá que iniciar o processo de intervenção terapêutica é essencial para o desenvolvimento da autonomia e da qualidade de vida da pessoa com o transtorno do espectro autista. E que junto a pedagogos, educadores físicos e profissionais de outras áreas, poderá planejar uma rotina rica e estimulante, respeitando as particularidades da criança, para melhorar o desempenho de suas habilidades motoras, sociais, cognitivas e comunicativas.

Após a leitura, você se sentirá mais confiante a seguir em frente e notará que não está sozinha(o) nessa missão de navegar por um mar que ora se agita, ora se acalma.

O importante é seguir navegando. Um dia de cada vez. Com amor e persistência.

Andrea Lorena Stravogiannis

1

DÚVIDAS E INTUIÇÃO DOS PAIS

DA SUSPEITA AO DIAGNÓSTICO DO TRANSTORNO DO ESPECTRO AUTISTA. UMA VIAGEM DE AMOR

Pais se sentem perdidos nas primeiras suspeitas de autismo na vida de seus filhos. Eles precisam conduzir o processo de acolhimento familiar dessa nova situação, preparando o terreno para novos aprendizados. Conto nossa história familiar em homenagem a outras famílias na mesma situação, reconhecendo a coragem e seus caminhos escolhidos na tarefa de dar a melhor experiência possível de vida a seus filhos autistas.

ALICIA VIVIANA MÉNDEZ DE ROSALES

Alicia Viviana Méndez de Rosales

Contato
aliciavivianamendez@gmail.com

Pedagoga, mestre em Educação, terapeuta integrativa, *expert* em Psicologia Positiva, Gestão emocional e *Mindfulness*, diplomada e mestre em Direitos Humanos, especialista mestre em Musicoterapia, Neuroplasticidade, Neuropsicologia. Estudou psicopedagogia, tanatologia, medicina e, atualmente, estuda neuro-oftalmologia e gestão hospitalar. Estimuladora visual e neurossensorial a partir da abordagem da Neurovisão, com Protocolos em Autismo Rhein, e analista comportamental. Consultora em projetos sociais, desenvolvimento comunitário, saúde integral, espiritualidade e neurociências. Escritora, ativista cultural, Embaixadora da Paz e Defensora Internacional de Direitos Humanos. Recebeu vários prêmios, honrarias e quatro doutorados *honoris causa* em Direitos Humanos e Humanidades e em Educação e Metafísica. Fundadora do Stimulus Project, que trabalha com educação para a saúde integral, estimulação e terapias, presente em países como Argentina, Brasil, Bolívia, Espanha, Inglaterra e Índia. Preside a Cruz Vermelha-Puerto Quijarro e dirige a PNP-Corumbá, na fronteira Bolívia-Brasil.

Quando uma história começa exatamente? As únicas certezas são as alegrias, as pedras do caminho e que somente se faz caminho ao andar

Aquele foi um dia especial junto a minha irmã Paola. Morava em outro país e visitar meu afilhado era um pouco difícil. A última vez que tinha o visto era um bebezinho sendo batizado. A visita seguinte foi crucial. Sentei-me junto a ele para mostrar livros e desenhar, contar histórias. Foi intrigante o desencontro no olhar, mas tínhamos uma conexão difícil de explicar, que fugia detrás de um sorriso desarticulado e sem fluir como resposta ou reflexo do meu sorriso. Bruno estava lá, mas não podia acompanhar as brincadeiras propostas. Como estudante de medicina naquela época, apliquei alguns testes à medida que era possível, começando uma observação apreciativa minuciosa. Foi naquele dia que comecei a entender o que estava acontecendo com Bruno. Como tia, sentia dificuldade de falar com minha irmã sobre a suspeita. Como profissional da saúde, tomei coragem e conversei sobre a necessidade de procurar especialistas da área. Bruno tinha pediatra, médicos e enfermeiros que cuidavam de suas vacinas, peso e altura, mas ninguém tinha notado nada até esse momento. Foi meu dia zero, de reinício, de reflexão, de iniciar um caminho sem volta, desde a suspeita até um diagnóstico profissional interdisciplinar de autismo. Minha vida também se "reiniciou" em vários sentidos: desde o olhar perdido de meu querido afilhado e sobrinho Bruno ao olhar brilhante e angustiado de minha amada irmã. Acompanhei pelo telefone e internet o processo: na época não existiam Zoom nem WhatsApp. Começou a peregrinação que, mesmo nutrida de muita informação, foi carente de apoios adequados para uma avaliação multiprofissional necessária em casos de autismo e outros transtornos do neurodesenvolvimento. Depois, decidi estudar este tema para apoiar as famílias que passam pela mesma situação na sua busca por diagnóstico, suporte e estrutura para melhorar a qualidade de vida da criança e de seu núcleo. Bruno tem irmãs, as quais também tinham que acompanhar aquele processo, e os pais começaram a se debruçar nos desafios de levar adiante uma família autista. Sim, uma família convivendo com autismo porque a condição não é exclusiva da criança. Isso envolve aprendizados de todos na convivência para uma acolhida benéfica e colaborativa para o bom funcionamento sistêmico familiar e social.

A suspeita está instalada. Por onde começar?

1) Procurar informação é sempre necessário

A experiência de luto é vivenciada por toda a família e se alastra muito além do diagnóstico clínico formal, podendo causar dor e frustração que precisam ser assistidas desde o início para não cair em armadilhas paralisantes. A imagem do filho "normal", igual aos demais, cai como cacos frente aos pais que, às vezes, sentem temor em pedir ajuda ou têm dificuldades de expor a situação por medo de estigmas, isolamento social, entre outros problemas da falta de informação.

O autismo tem um nome técnico: Transtorno de Espectro do Autismo (TEA). É apresentado no Manual Diagnóstico e Estatístico de Transtornos Mentais, o DSM-V, como o conjunto de condições que afeta o desenvolvimento infantil, afligindo especialmente o neurodesenvolvimento. Estes são percebidos na primeira infância e têm características de grau variado, falando-se em espectro. Acomete o funcionamento pessoal e social e outros aspectos da vida em categorias de leve a severo, afetando a comunicação, a socialização e a cognição. Muitas comorbidades podem vir acompanhadas do autismo, então é necessário informar-se e procurar profissionais sérios. Websites sobre o tema é o primeiro passo. Você pode começar escolhendo sites de associações, médicos especializados, entre outros profissionais da saúde, e de famílias que se uniram em torno da causa. Livros orientativos, como este, são sempre muito proveitosos.

2) Procurar ajuda

A empatia é fundamental e toda a família deve ser informada para acompanhar o processo, dando suporte, acompanhando as consultas, cuidando dos outros filhos sem perder a atenção neles, ajudando em questões domésticas e laborais, participando do processo.

Profissionais devem encorajar os pais a procurar ajuda e apoio emocional e psicológico, pois precisarão de profissionais comprometidos para acompanhar terapeuticamente essa jornada. A aceitação é um processo que precisa ser guiado para a ressignificação dessa situação familiar. Não existem culpados, só existe uma condição desafiante a qual acolher e aprender cada dia para melhorar a comunicação e o desenvolvimento da criança, a convivência familiar harmônica e saudável da melhor forma possível. Não da forma perfeita ou idealizada, mas da forma possível, que esteja ao alcance nas condições únicas e particulares de cada família. Assim como cada criança é única, cada família também o é. Entender esta singularidade é essencial.

3) *Conhecer as redes de apoio existentes*

A recomendação é procurar ajuda dentro da própria família e amigos para a contenção e busca de informações e contatos. Assim, inicia-se a procura de profissionais da saúde, educação, psicologia, assistentes sociais, por exemplo. O mesmo pediatra que atende a criança pode oferecer informações da rede de apoio existente na região. Às vezes, existe muita resistência para aceitar a suspeita e até mesmo o diagnóstico. Por isso, devemos aconselhar a busca de psicólogos qualificados, terapeutas familiares, tanatólogos ou mesmo acompanhantes terapêuticos. O pediatra poderá indicar um neuropediatra, o qual, neste primeiro momento, é de fundamental importância. Nunca esquecerei o rosto de surpresa de minha irmã ao contar sua experiência com quem confirmou o diagnóstico.

— Ele me fez somente duas perguntas antes de examiná-lo.

— Mãezinha, quando ele mamava do seu peito, ele olhava para você?

— Quando começou a mamar direto do biberão, ele olhava para você?

— Eu fiquei com os dois "nãos" pendurados na minha boca, aberta e atônita. Eu pensei que Bruno não olhava porque ele era diferente de minha filha mulher, porque era varão, porque, no final das contas, todos os filhos são diferentes e não podia comparar. Mas o que me surpreendeu foi que somente com estas duas perguntas, ele me indicou que já existiam desde mais cedo comportamentos suspeitos que eu, como mãe, nem outra pessoa ou profissional, observamos. Olha a importância dessas coisas no ato da amamentação. Ele pediu uma lista de exames para descartar outras possibilidades, mas deixou claro que estávamos frente ao espectro autista, só devíamos pesquisar mais porque cada caso é único e irrepetível. Conhecendo melhor seu tipo de autismo dentro do espectro, poderíamos ajudá-lo de uma melhor maneira.

Para completar o diagnóstico a partir de um olhar interdisciplinar, podem ser convocados: psicopedagogos, neuropsicólogos, otorrinolaringologistas, fonoaudiólogos, entre outros. Exames complementares em centros de neurodiagnóstico ou diagnóstico por imagens também. O ideal para muitos profissionais é a tão cobiçada Ressonância Magnética Funcional, nem em todas as regiões acessível. Inclusive, antes de fechar o diagnóstico, podem ser encaminhados a terapeutas especializados na área. Atualmente, existem abordagens educativo-comportamentais como o método ABA, em Neurovisão e autismo, por exemplo, com protocolos de contato visual seguros, como os do Instituto Rhein/SP. Existem centros solidários de famílias com membros vivendo o autismo e outros transtornos do neurodesenvolvimento em cidades onde não existem profissionais especializados. É o caso dos APAES e Centros terapêuticos familiares de estimulação focada em Autismo, lugares de encontros de pais e filhos com diferentes graus de dificuldades e transtornos. Ali, procuram juntos ajuda e encaminhamentos a outras cidades para consultas e exames específicos. Isso é o que acontece em Corumbá, MS, cidade onde moro. A união das famílias fala mais alto do que as carências em estrutura para o atendimento de nossas crianças especiais.

4) Não esperar o diagnóstico definitivo para atuar!

Muitos fatores podem intervir desde a suspeita até um diagnóstico interdisciplinar mais completo possível. A única certeza é que não se pode perder esse tempo valioso que se apresenta como janelas de oportunidade para acolher a singularidade que nos toca vivenciar em família. Isso pode chegar a ser cansativo e exaustivo, com muitas angústias e dores que precisam ser contidas e trabalhadas pela família de forma aberta e dialogada sem preconceitos. Destaco a real necessidade de atenção e contenção dos pais. São os que mais precisam de acolhimento e compreensão por parte de familiares e profissionais. E parece fácil dizer isso, mas na prática não é. Alguns familiares demorarão a entender até se informarem, muitos negarão e precisarão de processos mais longos. Existem profissionais humanizados e outros nem tanto e podemos ter surpresas desagradáveis ante a falta de formação no tema. Essa situação é bastante frequente já que a informação ainda precisa chegar a todos os cantos desta sociedade para não julgar, não discriminar e acolher com amor as diferenças e a singularidade. O que importa é que somos nós os que começaremos a trilhar o caminho para uma viagem sem volta. Desfrutar da paisagem, apesar das pedras que encontraremos, é fundamental para nossa qualidade de vida. O caminho é um processo e nada está escrito nele. Estes sinais que posso deixar aqui como resultado de nossa caminhada como família e profissional da saúde são para orientar os pais sobre quais são os portos seguros de informação e acolhimento. Mas o viajante precisa estar com sua "intuição" bem sintonizada, pois não existe um passo a passo. Cada criança autista é única como sua família o é. Cada viagem será única na vivência dessa singularidade. A confiança para conhecer outros lugares surge de ter bons guias de turismo. Aqui não temos guias, mas temos nossa intuição de pais que se nutre com amor. Por parte dos profissionais, temos o melhor que a ciência pode dar para nos conduzir pelas sendas mais seguras. Pais: confiem em seus profissionais. Profissionais: acolham com empatia os pais. Juntos, poderão acolher o autismo e fazer desta viagem um passeio seguro por lugares de aprendizagem, alegrias e tristezas. Montanhas-russas se apresentarão, mas serão, sem dúvida, a melhor experiência possível da vida que podemos dar a Bruno e a outras crianças que existem vivenciando a vida desde o autismo. Toda a família se beneficiará com este olhar, especialmente os pais e os irmãos, que não serão deixados de lado em atenção e carinho, com doses extras como parte do processo.

5) *Diário de bordo. O que apreciar, o que anotar?*

É importante gerar observações apreciativas recolhidas no dia a dia na convivência com os filhos, relevantes no diálogo com a família e profissionais. Sinais de alerta podem já ser detectados a partir de seis meses: poucas expressões faciais, baixo contato visual, ausência de sorriso social e pouca resposta sociocomunicativa. Perto dos nove meses, esta troca comunicativa não se dá de forma natural com balbucios, as palavras "mamã" e "papa" não surgem, nem olha quando o chamamos nem para onde apontamos, faltando a imitação. Um ano depois do nascimento, percebemos a ausência de palavras, gestos para saudar, pedir coisas, não mantém a atenção. É bom registrar tudo que não se enquadre com as habilidades esperadas para sua idade e conversar com confiança com os profissionais que o atendem. Nada é rígido, cada caso é um caso. Podem surgir comportamentos repetitivos e restritos, aleatórios, sem funções específicas ou justificativa. Problemas de hipersensibilidade a sabores, texturas, ambientes movimentados, luz etc. Déficit no desenvolvimento da linguagem, dificultando a comunicação verbal, sem clareza, uso de jargões, grunhidos, sons variados, gritos, ecolalias até inversão de pronomes. Dificuldades a qualquer idade ao executar tarefas complexas como organizar, planejar, abstrair, conceituar etc. Anote o que chamar a atenção: formas diferentes de brincar, alinhar objetos, dificuldade de dormir, choros e possíveis dores e outros mal-estares que podem ser expressos de outra forma que não seja a convencional. Serão pistas valiosas para descobrir o mundo de seu filho e seu jeito de interagir e ser. Aprender e desaprender é fundamental para estarmos dispostos a reaprender coisas, e no mundo singular não é diferente.

Para fechar esta história, sem princípio nem fim: com Abril, a irmãzinha de Bruno, escrevemos um livro chamado *Meu mundo de queijo*. Neste conto, Abril nos fala que o mundo pode ser como cada um quiser. Contamos a experiência em *live*. Paola nos adiantou que, já como família, estão escrevendo outra história. *Meu mundo azul* será a narrativa com Bruno, desde esse mundo singular que como família estão vivenciando dia a dia e reescrevendo juntos. Aceitar nossa situação é importante; entender o que a falta de informação causa, também. Mas nunca podemos ceder ao conformismo ou ao vitimismo. Procurar outras possibilidades para aprender a viver sempre será mais interessante. Na viagem, o amor sempre nos encoraja, não estamos sozinhos nesta caminhada singular.

Referências

APA (American Psychiatric Association). *Manual diagnóstico e estatístico de transtornos mentais*. DSM-5. Porto Alegre: Artmed, 2014.

SOCIEDADE BRASILEIRA DE PEDIATRIA. *Manual de orientação: Transtorno do Espectro do Autismo*. Rio de Janeiro: SBP, 2019.

2

"NADA SOBRE NÓS SEM NÓS"
OS IMPACTOS DA PANDEMIA EM CRIANÇAS COM TRANSTORNO DO ESPECTRO AUTISTA, POR MEIO DA PERCEPÇÃO DOS RESPONSÁVEIS

A pandemia suscitou uma grande preocupação na resposta das crianças com Transtorno do Espectro Autista devido à vulnerabilidade a mudanças imprevisíveis em suas rotinas, à inabilidade em compreender o significado do que é o vírus e à própria fisiopatologia do transtorno, que envolve uma grande heterogeneidade no nível genético e imunológico. Este capítulo tem por objetivo estimular o processo de intervenção no atendimento educacional especializado, além de incentivar o desenvolvimento de novas práticas e pesquisas em prol da promoção da saúde.

ALINE LOURENÇO BITTENCOURT E ROSANE MOREIRA SILVA DE MEIRELLES

Aline Lourenço Bittencourt

Contato
abittenca@gmail.com

Pedagoga graduada pela UERJ (2004), com pós-graduação em Psicopedagogia pela Universidade Candido Mendes (2006), mestrado em Educação pelo ProPed (Programa de Pós-Graduação em Educação da Faculdade de Educação -UERJ), especialista em Atendimento Educacional Especializado pela Universidade Candido Mendes (2014). Doutoranda do programa *stricto sensu* em Ensino em Biociências – EBS- FIOCRUZ. Premiada em 3º lugar na Educa Week 2021 pelo seu relato da atuação com estudantes com TEA. Professora do Colégio Pedro II desde 2003, com atuação na Educação Inclusiva a partir de 2009.

Rosane Moreira Silva de Meirelles

Contato
rosanemeirelles@gmail.com

Bióloga graduada pela UNESP (1996), mestre (1999) e doutora (2003) em Biologia Celular e Molecular pelo programa *stricto sensu* em Biologia Celular e Molecular do Instituto Oswaldo Cruz (IOC - Fiocruz). Orientadora no programa *stricto sensu* em Ensino em Biociências e Saúde (desde 2004) e no Programa de Mestrado Profissional em Rede de Ensino de Biologia (associada UERJ) desde 2017. Professora adjunta na Universidade do Estado do Rio de Janeiro desde 2015, lotada no Departamento de Ensino de Ciências e Biologia (DECB-IBRAG-UERJ).

Tendo em vista a especificidade do momento no qual estamos vivenciando com a pandemia da Covid-19 e a necessidade de buscar novas formas de se relacionar com as crianças autistas, emergiu a urgência em buscar outras formas para que o vínculo com a escola fosse garantido. Tal ação visou garantir a integridade física e moral do estudante autista sendo a continuidade do vínculo com os professores de AEE (Atendimento Educacional Especializado) um elo muito importante dessas crianças com a escola. Diante disso, o NAPNE (Núcleo de Atendimento às pessoas com Necessidades Específicas) de uma escola pública federal, localizada na zona norte do Rio de Janeiro, realizou contatos semanais, por meio de plataformas digitais e de forma síncrona, em uma tentativa de estabelecer algum tipo de intervenção neste momento pandêmico, tendo contato diretamente com as novas formas de se relacionar com um "novo normal" que nos foi imposto do dia para a noite, sem um espaço para o planejamento das ações.

Os dados apresentados neste artigo fazem parte de uma tese de doutorado que tem por pergunta: quais as potencialidades e desafios que o período pandêmico e pós-pandêmico podem trazer ao ensino de crianças do espectro autista?

É dentro desse cenário que emerge a pesquisa. Algumas questões norteadoras foram levantadas a partir da demanda prática e problematização teórica: como poderia esse contexto vivenciado pela pandemia contribuir para estudos sobre a forma como as famílias de estudantes com TEA têm conseguido vivenciar a realidade imposta, sem tempo hábil para adaptação? Como é o isolamento social e as reações dos estudantes diante do uso da máscara, mudanças repentinas de rotina e quais as soluções encontradas pelos pais? Considerando que os autistas podem ter dificuldades na adaptação ao novo, como tem sido passar por tal processo?

Reafirmando a importância do lema "Nada sobre nós sem nós", de Sassaki (2007), a pesquisa é feita a partir das percepções de pessoas que se encontram diretamente mergulhadas nesse cotidiano, os responsáveis.

O transtorno do espectro autista

O Transtorno do Espectro Autista (TEA) é um transtorno do neurodesenvolvimento caracterizado por déficits persistentes na comunicação e interação social e a padrões restritivos de comportamentos, interesses ou atividades que podem ser observados desde cedo na maioria dos casos. Desde a descrição oficial por Leo Kanner (1943) até aos dias atuais, há um crescente aumento de diagnósticos de TEA. Os estudos de epidemiologia, assim como a sua etiologia, vêm marcando todo esse processo histórico de Kanner ao DSM-5 (PAULA; CUNHA; SILVA; TEIXEIRA, 2017). O DSM-5 (*Diagnostic and Statistical Manual of Mental Disorders*-V) trata-se da quinta edição do Manual de Diagnóstico Estatístico de Transtornos Mentais, organizado pela Sociedade Americana de Psiquiatria (APA), que tem por objetivos classificar e referenciar os transtornos. No intuito de auxiliar no diagnóstico e nos processos de intervenção, observa-se, a partir do DSM-5, uma abertura do que podemos chamar de guarda-chuva de aspectos que podem ser utilizados na observação e identificação dos sujeitos no espectro do autismo.

Com isso, o próprio conceito de autismo vem se modificando desde Kanner. Atualmente, segundo o DSM-5, o TEA pode ser definido como um transtorno do neurodesenvolvimento, tendo dois critérios diagnósticos essenciais: o prejuízo persistente na comunicação social recíproca e na interação social (critério A) e os padrões restritos e repetitivos de comportamento, interesses ou atividades (critério B).

A estimativa de casos de TEA no Brasil não tem um número concreto por vários fatores, entre eles a falta de diagnóstico nos atendimentos de atenção primária e a necessidade de produção de políticas públicas voltadas ao atendimento de qualidade para as famílias que possuem pessoas que se encaixam dentro do espectro. Logo, por não haver dados estatísticos concretos no Brasil, foi escolhida como referência a última publicação do CDC (*Centers for Disease Control and Prevention* ou Centro de Controle de Doenças e Prevenção do Governo dos Estados Unidos da América), que apresenta um novo número de prevalência de autismo de 1:54, sendo considerada a estatística de quatro meninos para cada menina no espectro autista (MAENNER *et al.*, 2016). Pela primeira vez, com essa pesquisa mais abrangente nos EUA, foi possível verificar que não há nenhuma diferença na prevalência de TEA entre crianças brancas e negras, embora existam disparidades no início da intervenção precoce e na identificação dos sinais de risco em crianças negras, que podem ocorrer por alguns fatores, como: falta de políticas de identificação em serviços de saúde e desconhecimento das famílias sobre os primeiros sinais de alerta (MAENNER *et al*, 2016). As crianças negras, segundo relatório do CDC, acabaram tendo diagnósticos em idades mais avançadas do que as brancas que também apresentavam deficiência intelectual, o que poderia ter contribuído na qualidade do desenvolvimento. Segundo dados desse mesmo relatório, as crianças hispânicas continuam tendo menor prevalência do que as crianças brancas e negras, gerando uma discussão sobre a desigualdade social.

Os sinais do transtorno podem ser percebidos nos primeiros anos de vida, também chamados de "sinais de risco". São notados antes dos primeiros 12 meses se os prejuízos no desenvolvimento forem muito graves, ou se aproximando mais dos 224 meses se os prejuízos forem mais sutis. Este é um intervalo regular em que as famílias começam a perceber sinais de inflexibilidade, birras persistentes, atrasos na linguagem, resistências a alterações de rotina, ausência da atenção tríade no compartilhamento de objetos e a incapacidade de imitação. O diagnóstico dos sinais de risco e a intervenção sistemática precoce são fundamentais para promover o desenvolvimento desses indivíduos. No entanto, em grande maioria, as famílias não encontram vagas em atendimentos públicos, atendimentos individualizados, principalmente na primeira infância, quando os primeiros sinais de risco começam a se manifestar.

TEA e a pandemia da covid-19

Em virtude da COVID-19, doença infecciosa causada pelo vírus SARS-CoV-2, e com a declaração da pandemia em 11 de março de 2020 pela Organização Mundial da Saúde (OMS), as atividades acadêmicas dos colégios foram suspensas e as famílias precisaram se reinventar.

Segundo Grandin e Gray (2020), as crianças com TEA possuem uma sensibilidade extrema em relação ao outro. As autoras ressaltam que a ansiedade vivida pelos familiares e a incompreensão sobre um vírus novo que faz pessoas morrerem rapidamente contribuem para o desenvolvimento de crises de ansiedade relacionadas aos estados de saúde de seus pais, avós ou outras pessoas próximas. Elas acrescentam a tudo isso o medo da incerteza e o da quebra de rotina.

De acordo com Yao (2020), a Covid-19 pode contribuir como maior risco ou exacerbação dos sintomas entre as pessoas com TEA. Courleanay (2020) discute que as restrições às atividades rotineiras podem levar o sujeito a grande estresse mental. O autor alerta sobre a importância de que sejam aprendidas lições dos impactos que a Covid-19 pode trazer para pessoas com deficiência intelectual em que se enquadram os autistas.

Corroborando com o que Xavier, Marchiori e Schwartzman (2019) ratificam sobre a importância de que a atenção dos profissionais que atuam com esse público seja voltada "não só aos sinais de distúrbios, como também às queixas trazidas pelos responsáveis, pois são eles que convivem diariamente com a criança e, na maioria das vezes, percebem o desenvolvimento atípico" (p.14); e reconhecendo a importância do lema "Nada sobre nós, sem nós", de Sassaki (2007), esta pesquisa, voltada para o público autista, está sendo feita a partir das percepções de pessoas que se encontram diretamente mergulhadas nesse cotidiano, como os responsáveis.

Percurso metodológico

Trata-se de uma pesquisa do tipo diagnóstica com abordagem qualitativa na forma de estudo de caso. Tendo em vista a natureza da pesquisa, que trará resultados de um "fenômeno contemporâneo" (o caso) de uma forma mais minuciosa, em seu contexto real, com um misto de evidências qualitativas e quantitativas, com o intuito de explicar os vínculos causais (YIN, 2015) nas intervenções durante a pandemia da Covid-19.

A coleta de dados está sendo realizada de duas formas distintas: remota, por meio de um formulário da plataforma Google, com perguntas abertas e fechadas, direcionada para pais ou responsáveis de estudantes com TEA que estejam matriculados nos anos iniciais do ensino fundamental; e a outra, por meio de uma entrevista semiestruturada com os responsáveis dos alunos com diagnóstico de TEA de uma escola pública federal localizada na zona norte do Rio de Janeiro

A fim de compreender a inflexibilidade cognitiva — característica já comum aos autistas — em tempos de rompimento de suas rotinas, serão abordadas questões relacionadas ao acesso de tais indivíduos às informações de noticiários, se há profissionais de saúde no núcleo familiar, a relação com pessoas que contraíram a Covid-19, ou até mesmo que tenham ido a óbito, como isso tudo pode ter alterado seus comportamentos e quais medidas as famílias adotam para amenizá-las.

Resultados e discussão

De acordo com Maturana (1999), não somos apenas fruto da relação com o meio, ambos se modificam graças ao acoplamento estrutural. Biologicamente explicando, é o que permite que uma célula incorpore substâncias do meio externo, importantes para seu metabolismo, possibilitando interações estruturais dos componentes e mudanças nas suas estruturas. São essas interações recorrentes que dão vida ao sistema autopoiético e explicam a capacidade de autoprodução do indivíduo. O acoplamento estrutural serve para reforçar a ideia de que todos nós somos diferentes, logo não poderemos afirmar que certa estimulação externa terá um resultado interno igual para todos.

A mudança estrutural que ocorre no meio é determinada pela estrutura do meio, assim como a mudança estrutural que ocorre no indivíduo é determinada pela estrutura do organismo. Embora estejam interligados, um ajuda a catalisar as mudanças no outro, mas não as determina.

Os resultados iniciais mostram que a ruptura na rotina vem desencadeando comportamentos disruptivos, ansiedade e outros, como: choros constantes, agitação, dificuldades para dormir e, até mesmo, regressões comportamentais.

As famílias dos alunos que estão sendo assistidos pelas escolas desde o início da pandemia citam como sendo um ponto positivo para manutenção do vínculo; ainda reforçam que a troca com as professoras é um grande suporte no enfrentamento da pandemia.

Segundo Ostovar e DiVittore (2005, 2009, 2020), crianças enfrentam desafios diários, por vezes de hora em hora, devido a uma mudança na sua rotina, esses desafios podem ser esmagadores e cansativos. Quase toda a gente está a experimentar um nível de estresse de base cada vez maior neste momento, incluindo as crianças. Embora a maioria dos adultos possa ser capaz de articular os seus sentimentos e pensamentos sobre o seu estresse, as crianças podem ter mais dificuldades; e as crianças dentro do espectro do autismo têm frequentemente ainda mais dificuldades. O autor ressalta a importância do trabalho em suas potencialidades de conectar-se ao seu filho, que são: planejamento(elaboração); ouvir seu filho; escute a quem ele quer ter contato, de forma remota, naquele momento; não eleve o pânico (retire-o daquela situação); quanto ao uso de máscaras, a proteção pode ser vista como um ato heroico de salvar as pessoas para autistas verbais; use o humor, saudável e compreensível; divida tarefas possíveis e crie dias de baixo estresse, intercalando atividades.

As reflexões produzidas pretendem auxiliar na construção de processos mais refinados de atendimento e identificação de alunos no espectro, além de incentivar o desenvolvimento de novas práticas e pesquisas em prol da promoção da saúde, influenciando a produção de políticas no âmbito da saúde e da educação, como orientações e materiais que possam ser disponibilizados em clínicas e/ou escolas.

Referências

APA- AMERICAN PSYCHIATRIC ASSOCIATION. *Manual diagnóstico e estatístico dos transtornos mentais: DSM-5*. 5. ed. Porto Alegre: Artmed, 2015, tradução: Maria Inês Corrêa Nascimento, *et al*.

GRANDIN, T.; GRAY, C. *Autism in Lockdown. Expert tips and insights on coping with the COVID-19 Pandemic*. USA: Future Horizons, 2020.

MAENNER, M. J.; SHAW, K. A.; BAIO, J.; *et al*. *Prevalence of Autism Spectrum Disorder Among Children Aged 8 Years – Autism and Developmental Disabilities Monitoring Network,* United States, 2016.

MATURANA, H. *Cognição, ciência e vida cotidiana*. Belo Horizonte: UFMG, 1999.

OMS. Organização Mundial da Saúde. *Folha informativa Transtorno do Espectro Autista*. Disponível em: OPAS/OMS Brasil. Transtornos do espectro autista (paho.org). Acesso em: 11 jul. de 2020.

PAULA, C. S.; CUNHA, G. R.; SILVA, L. C.; TEIXEIRA, M. C. T. V. Conceituação do Transtorno do Espectro Autista: definição e epidemiologia. In: BOSA, C. A.; TEIXEIRA, M. C. T. V. *Autismo: Avaliação psicológica e neuropsicológica*. 3. ed. São Paulo: Hogrefe, 2017. cap. 1, pp. 7-28.

SASSAKI, R. K. Nada sobre nós, sem nós: Da integração à inclusão. Parte 1. In: *Revista Nacional de Reabilitação*, n. 57, jul./ago. 2007, pp. 8-16.

XAVIER, J. S.; MARCHIORI, T.; SCHWARTZMAN, J. S. Pais em busca de diagnóstico de Transtorno do Espectro do Autismo para o filho. In: *Psicologia: Teoria e Prática*, 21(1), São Paulo, 2019, pp.154-169.

YAO, H.; CHEN, J. H.; XU, Y. F. Patients with mental health disorders in the COVID-19 epidemic. In: *Lancet Psychiatry,* 2020, 7, e21. [CrossRef]. Acesso em: 12 jul. de 2020.

YIN, R. K. *Estudo de Caso: Planejamentos e Métodos*. 5. ed. Porto Alegre: Bookman, 2015.

3

AUTISMO, ESCOLA E FAMÍLIA
A PRÁTICA PEDAGÓGICA QUE TRANSFORMA

Este capítulo tem por objetivo apresentar um breve relato histórico sobre o autismo.

ANA CORDEIRO

Ana Cordeiro

Contatos
anacordeiro@editoraapmc.com
Instagram: escritora.ana.cordeiro
Facebook: @escritora.anacordeiro.apmc
Twitter: @Ana2011
11 95454 9666

Escritora com mais de 60 livros publicados; editora-chefe e fundadora da Editora APMC, idealizadora do Projeto Social de Literatura, o qual já atendeu mais de 450 autores em todo o país, sendo alguns deles do exterior, totalizando a publicação de mais de 650 títulos em apenas 7 anos de projeto; produtora cultural, idealizadora dos projetos: Contar para Encantar e Ubuntu: a escrita de si; contadora de história e educadora na rede pública de ensino do município de São Paulo. Possui graduação em Pedagogia e pós-graduação em Neuropsicopedagogia.

Consta que, na Idade Média, a origem dos transtornos mentais eram a possessão demoníaca e a inquisição em nome de Deus, queimava-os na fogueira para destruir o mal (AJURIAGUERRA, 1967).

As crianças consideradas insanas compartilhavam do mesmo ambiente nos manicômios. Em meados do século XIX, não havia estudos sobre as doenças mentais infantis, o diagnóstico de "idiota" abrangia todo o campo da psicologia de crianças e adolescentes. Em 1911, o suíço Bleuler usou pela primeira vez o termo "autismo" para especificar casos de esquizofrenia. A palavra "autismo" vem do grego *autos*, que significa "si mesmo" (BRASIL, 2015).

Leo Kanner, psiquiatra infantil, em 1943 publicou a obra *Distúrbios Autístico ao contato afetivo*, na qual descreveu 11 casos de crianças com atraso no desenvolvimento e que tinham em comum o isolamento social, dificuldades na comunicação e comportamento com estereotipias, suas preferências eram pela mesmice, caracterizadas também por apresentarem esses sintomas na primeira infância (GRINKER, 2010).

No ano seguinte, Hans Asperger estudou e descreveu crianças que tinham em comum déficit na linguagem não verbal e interação social com movimentos desajeitados. Publicou o artigo "A Psicopatia Autístico na Infância" e observou que, além dessas dificuldades, essas crianças tinham preferência por alguns assuntos, como matemática, placas, mapas, jogos, possuindo a parte cognitiva da inteligência preservada, eram chamados de gênios. Asperger chamava-os de pequenos professores pela eloquência ao falar, diferentemente das crianças descritas por Kanner (MARCO e SILVA, 2011).

Em 1952, o DSM-1(*Diagnostic and Statistical Manual*), da Associação Americana de Psiquiatria, fez a primeira publicação considerando o autismo como subgrupo da esquizofrenia, ou seja, o autismo ainda não era considerado como diagnóstico.

Nas décadas 1950 e 1960, houve vários estudos sobre a etiologia do autismo, inclusive uma crença apoiada por Kanner de que a origem do autismo era culpa dos pais, pois não eram envolvidos emocionalmente com seus filhos. Começava a chamada hipótese da "mãe de geladeira". Só bem mais tarde, com o avançar de novos estudos, essa crendice foi abandonada pela constatação de que o autismo afetava crianças em todas as partes do mundo, não importando nível social, raça, religião ou cultura, sendo de ordem genética ou propriamente um transtorno cerebral presente desde a primeira infância (BRASIL, 2015).

Dois manuais, a partir da década de 1950, passaram a dar nomes ao autismo: O DSM-1 (*Diagnostic and Statistical Manual*) e o CID-10 (Classificação Internacional de Doenças).

O DSM-IV (*Diagnostic and Statistical Manual*) usava as nomenclaturas "transtorno invasivo do desenvolvimento" (TID) e o CID-10 usava "transtorno global do desenvolvimento" (TGD).

Sendo que o TID / TGD eram compostos por:

- transtorno autista;
- transtorno desintegrativo da infância;
- transtorno de Asperger;
- transtorno invasivo do desenvolvimento sem outra especificação (TID–SOE) (JUNIOR, 1994).

A partir de 2013, o DSM recebeu uma nova versão, DSM-V, e a nova nomenclatura para o autismo foi Transtorno do Espectro Autista (TEA), na qual todas as categorias foram englobadas em um só espectro. Com a nova classificação, há a tríade do comprometimento (BRENTANI, 2013).

Tríade do comprometimento do TEA

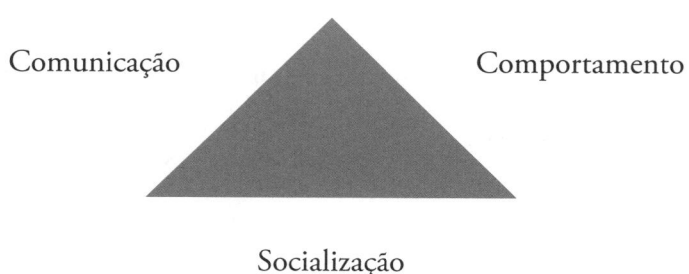

A ONU (Organização das Nações Unidas), em 2007, oficializou o dia 02 de abril como o "dia mundial da conscientização do autismo", sendo organizada em toda parte do mundo. As pessoas vão para ruas com símbolos na cor azul, monumentos públicos neste dia ficam azuis, para sensibilizar a população e, o governo que os portadores do TEA precisam de políticas públicas que tornem essas pessoas cidadãos de direito, um novo olhar para a diminuição do preconceito e estigma, vividos pelos autistas e por seus familiares na constituição dessas conquistas.No Brasil, foi aprovada a Lei nº 12.764 do dia 27 de dezembro de 2012 que traz em seus artigos e incisos garantias de saúde aos portadores do autismo, respeitando suas especificidades, assim como seus princípios, universalidade, integralidade e igualdade, formando uma rede de atendimento para garantir:

> Cuidado integral no âmbito da atenção básica; disponibilidades de medicamentos; apoio e promoção de processos de educação permanente e de qualificação técnica dos profissionais da rede de atenção à saúde, quanto ao atendimento das pessoas com o transtorno do espectro do autismo (a lei completa encontra-se em anexo – ANEXO A) (BRASIL, 2012).

A referida Lei veio otimizar e garantir o acesso dos portadores desse transtorno aos serviços públicos de saúde, além de outros benefícios na rede pública, sendo uma conquista em âmbito nacional para as famílias que convivem com crianças autistas.

Por que "Espectro" Autista?

O espectro foi descoberto pelo cientista inglês sir Isaac Newton (1642 - 1727). Ele observou que a luz solar, ao atravessar um prisma, refratara um espectro de várias cores, denominado de arco-íris, sendo que cada cor é uma frequência e possui um comprimento de onda que vai do menor para o maior, são medidas em nanômetro simbolizando parte de um guarda-chuva. O TEA envolve situações de diferentes níveis de graduação, que vai do mais leve ao mais alto grau de comprometimento, relacionado com as dificuldades de comunicação verbal e não verbal (SILVA E MARTINS, 2003).

Assim como o disco de cores vai apresentar uma só cor (branca), o DSM-V englobou todos os tipos de autismo em um só: Transtorno do Espectro Autista.

O que é o Transtorno do Espectro Autista?

O Transtorno de Espectro Autista é uma síndrome que afeta o neurodesenvolvimento infantil, com dificuldade qualitativa chamada de tríade do comprometimento repetitivo, podendo apresentar também sensibilidade sensorial, problemas gastrointestinais, preferências por alimentação líquida, medo de mudanças etc. (FONTES, 2016).

Para Rutter e Schopler (1992), o autismo não é uma doença única, mas um conjunto de distúrbios com etiologias múltiplas e graus variáveis de comprometimento.

No CID-10 (2000), este tipo de transtorno é o que se manifesta ou se mostra alterado antes da idade de 3 anos, apresentando perturbação de funcionamento dos três domínios: interação social, comunicação e comportamento focalizado e repetitivo.

É um transtorno do neurodesenvolvimento, envolvendo alterações na linguagem (verbal e não verbal), da interação social e, comportamento (padrões repetitivos) (BRASIL, 2015).

Categorias que foram incluídas no TEA

O TEA, que é uma condição geral para um grupo de desordens complexa do desenvolvimento do cérebro, passou a englobar as categorias citadas abaixo, havendo a retirada da Síndrome de Rett pelo fato de ser uma entidade inteiramente diversa das demais (TAKEDA, 2015).

Conforme Takeda (2015), as categorias foram descritas de acordo com os tipos a seguir:

- autismo infantil;
- síndrome de asperger;
- autismo atípico;
- transtorno desintegrativo.

Autismo infantil ou de Kanner

É uma síndrome que afeta o desenvolvimento normal da criança, principalmente em três áreas: isolamento social, linguagem comunicativa, imaginação e comportamental. É manifestado em crianças de idade precoce, lactantes, indo até a idade adulta. O diagnóstico de preferência deverá ser feito até os 03 anos de idade. Após essa idade, a criança poderá ter perdas incomparáveis. Outra característica também é a resistência por mudanças, causando medo e desespero (BRASIL, 2015).

Síndrome de Asperger ou Transtorno de Asperger

É um conjunto de sinais e sintomas que a criança apresenta, inclusa desde 2013 no DSM-V (*Diagnostic and Statistical Manual*). Dentro do espectro autista, é considerado o mais leve. Entre esses sinais e sintomas, é caracterizado por apresentar dificuldade na comunicação não verbal, podem ou não ter problemas com interação social e comportamento com estereótipos, fascínio por algum assunto de interesse, optam por matemática, geometria, história, jogos, entram na escola e são tidos como superdotados, mas não desenvolvem habilidades emotivas. Podem ter capacidades de memorizar placas de ônibus, entretanto não sabem usar esses mesmos dons para se ajudar se for preciso. É usado para essas crianças o termo "idiossincrático", que quer dizer agir fora dos padrões normais, dos padrões esperados (BRASIL, 2013).

Autismo atípico

A criança é portadora do espectro autista, mas não demonstra a presença de prejuízos em todas as áreas já comentadas nos tipos anteriormente citados, como: socialização, reciprocidade, comunicação verbal e não-verbal e, comportamentos repetidos. O início se dá aproximadamente aos 2 anos em diante, quando a criança vai perdendo habilidades já adquiridas, como fala e interação social (BRASIL, 2015).

Transtorno desintegrativo

Este transtorno tem algumas particularidades com o autismo e está entre o grupo dos transtornos invasivos do desenvolvimento (TID) ou distúrbio do espectro autista (TEA). Em ambos, a criança apresenta desenvolvimento normal e, a partir de aproximadamente 7 anos, começa a perda das habilidades já adquiridas como a fala, dificuldades de interagir com os outros e uma perda drástica na habilidade motora: caminhar, agarrar, escalar, tendo probabilidade para o retardo mental (KLIN, 2006).

Epidemiologia

Os casos de autismo subiram para 1 (um) em cada 68 crianças. O caso foi registrado pelo *Center of Diseases Control and Prevention* (CDC) do governo estadunidense, órgão equivalente ao Ministério da Saúde aqui no Brasil (MELLO, HO, DIAS, ANDRADE, 2013).

Com prevalência mais em meninos que em meninas, sendo na proporção. Como nunca foi comprovado a prevalência do Transtorno do Espectro Autista (TEA) em determinada região específica, a OMS (Organização Mundial da Saúde) considera esses números para todo o planeta, sendo que no mundo existem aproximadamente mais de 70 milhões de autistas. Só no Brasil, estima-se que tenham mais de 2 milhões de pessoas com autismo (JUNIOR, 2014).

Etiologia

O TEA ainda é de origem desconhecida. O mais provável é de base genética, o que tem sido um desafio para a ciência. O que se sabe hoje é que os neurônios dos autistas são mais curtos e com menos terminações nervosas (dendritos), o núcleo do axônio também é menor em relação ao neurônio da criança sem transtorno do espectro do autismo (GUPTA, 2006).

Cientistas na Suécia relataram que os pais autistas têm 50% de chance de terem filhos autistas. Também identificaram que as causas hereditárias explicam apenas 50% do risco de uma criança nascer e desenvolver o TEA, mencionando também os fatores ambientais como: complicação no parto, infecções maternas, medicações que são usadas antes e depois do nascimento (FERREIRA, 2014).

Kaplan (1997) descreve fatores que podem também desencadear o TEA, que são psicodinâmicos e familiares, anormalidades orgânicas, fatores genéticos, fatores imunológicos e perinatais e provável fator de base psicológica.

Sinais e sintomas

Além da tríade de comprometimento (socialização, comunicação verbal e não verbal, comportamento estereotipado e repetitivo), que são as principais áreas afetadas, tornando-se os principais sintomas da criança com transtorno do espectro autista, podendo aparecer em todas as crianças com suspeita de autismo ou não distribuindo em níveis do menor ao mais alto grau de comprometimento, talvez se dê pelos novos critérios diagnóstico do CID-10 e DSM-V (KLIN, 2006).

Outro ponto importante sobre esses sinais e sintomas é a percepção da atenção não compartilhada, pois uma das características do ser humano é simbolizar e o uso desses símbolos são expressos e compreendidos nas relações interpessoais e algumas dessas características são inatas. Os bebês, a exemplo disso, estão aptos a reagir às expressões e comportamentos de outra pessoa, estão conectados e responsivos a essa relação pessoa-pessoa. Observado em bebês de 10 semanas serem capazes de reagir de maneira própria às expressões da mãe. No autismo, ocorre uma falta de responsividade emocional e da vida imaginativa e consequentes prejuízos na relação que ele chama de tripartite mãe, bebê e objeto (HOBSON, 2002).

Existem, ainda, outros sinais e sintomas que fazem do TEA uma síndrome, sendo eles, de acordo com Teles (2015):

- têm dificuldade no contato visual;
- têm dificuldade em imitar caretas e expressões faciais;
- parecem surdas, algumas apresentam surdez;
- não atendem quando são chamados pelo nome;
- não respondem a sorrisos;
- não se sentem à vontade com abraços e beijos e toques;
- não balbuciam, apresentam ecolalia;
- não apontam para chamar atenção das pessoas;
- mostram reações de agressividade, parecendo birras quando sua rotina sofre alterações;
- apresentam dificuldades de compreender metáforas e ironias (linguagem concreta);
- não mudam o comportamento na presença de outra pessoa;
- não fazem brincadeira de faz de conta;
- batem palmas, balançam o tronco como pêndulo;
- substituem o pronome eu por ele;
- não fazem amigos;
- brincam de forma diferente com objetos, seus interesses são apenas por parte do objeto, ficando horas observando os movimentos circulares (hélice de ventilador, roda de carro), empilham brinquedos, alinham carrinhos e organizam por cores;
- parecem ser resistentes à dor;
- algumas crianças podem ter: visão, audição, tato, olfato ou paladar excessivamente sensíveis (aumentado ou diminuído);
- mostram falta de empatia;
- não se assustam com sons altos;
- têm, necessidade intensa de repetição;
- apresentam perda de habilidades sociais e de comunicação em qualquer idade;
- não pronunciam frases compostas de pelo menos duas palavras aos 24 meses;
- não balbuciam aos 12 meses;
- não gesticulam aos 12 meses;
- comprovam diagnóstico do TEA.

O diagnóstico do TEA é essencialmente clínico, sendo realizado a partir de observações na criança e entrevista com pais e/ou cuidadores. O uso da escala que avalia o Autismo na infância, chamada de CARS (*Childhood Autism Rating Scale*), também é um instrumento que auxilia na identificação. Vale lembrar que nem sempre é possível chegar a um diagnóstico preciso, o psiquiatra infantil ou neurologista infantil contam com o apoio de uma equipe multidisciplinar (BRASIL, 2012).

Para os critérios para realização do diagnóstico, segundo o DSM-V, a criança terá que apresentar comprometimentos qualitativos na interação social, comunicação (verbal e não verbal) e o uso de estereotipias restrito e repetitivo. A criança é um ser em desenvolvimento, existindo necessidade de critérios avaliativos e observações para não haver erros de diagnósticos falso-positivo, sendo aconselhável a criança receber o diagnóstico a partir dos 3 anos de idade (BRASIL, 2015).

Para facilitar o diagnóstico do TEA, existem alguns instrumentos nos quais os profissionais podem se basear para um melhor parecer quanto à identificação do TEA precocemente. Dentre estes instrumentos, podemos citar a "Tabela de Indicadores Clínicos de Risco para o Desenvolvimento Infantil (IRDI)" – ANEXO B; e a "Escala M-Chart" – ANEXO C.

Referências

AMERICAN PSYCHIATRIC ASSOCIATION. *DSM-IV: manual de diagnóstico e estatística das perturbações mentais*. 4. ed. Lisboa: Climepsi Editores, 2002.

BRASIL. Decreto Nº 7.611, de 17 de Novembro de 2011. Brasília, 2011. Disponível em: <http://www.planalto.gov.br/ccivil_03/_Ato2011-2014/2011/Decreto/D7611.htm>. Acesso em: 13 jun. de 2014.

KLIN, A.; PAULS, D.; SCHULTZ, R.; VOLKMAR F. *Three diagnostic approaches to Asperger syndrome: implications for research*. J Autism Dev Disord. 2006;35(2):221-34.

4

DESVENDANDO A AVALIAÇÃO AUDIOLÓGICA NO TEA

Este capítulo elucidará as dúvidas sobre como investigar a audição das crianças com suspeita de TEA . Ressaltará sua elevada importância de maneira didática e clara para espantar os fantasmas que assombram os pais e profissionais. Ao iniciar o diagnóstico dos filhos, muitas famílias se deparam com um pedido médico contendo uma relação de exames audiológicos que nunca ouviram falar. Também será possível conhecer as ferramentas diagnósticas e ter um adequado preparo das crianças e dos familiares para a realização das avaliações solicitadas.

ANA EMÍLIA LINARES PEREIRA

Ana Emilia Linares Pereira

Contatos
ana_e_linares@yahoo.com.br
Instagram: @draanaemilia
15 3037 3860

Doutora e Mestre em Ciências pela Faculdade de Medicina da Universidade de São Paulo. Graduada em Fonoaudiologia pela Faculdade de Odontologia de Bauru (USP). Experiência na área de Fonoaudiologia, com ênfase em Audição, atuando principalmente nos seguintes temas: próteses auditivas, exames eletrofisiológicos, eletroacústicos e comportamentais na área de Diagnóstico Audiológico (criança e adulto) e Fonoaudiologia Escolar. Atua na cidade de Sorocaba e Itu-SP.

> Eu te chamo e não me olhas
> Tu me olhas e não me chamas
> O silêncio te acompanha
> O ruído te incomoda
> Será que me ouves?
> Onde será que te escondes?
> No meu abraço te encontro
> O teu riso me acalma
> Teu amor me invade a alma
> No meu peito tu me ouves
> No meu colo há um bate-papo
> (ANA EMILIA LINARES PEREIRA)

Esse poema resume a experiência e o dia a dia das famílias das crianças com suspeita e confirmação do Transtorno do Espectro do Autismo (TEA).

Será que meu filho me ouve quando eu o chamo? Por que não me responde?

Ele tem TEA, atraso de linguagem ou surdez? Essas alterações coexistem? Isso é possível? Como descobrir?

Qual profissional procurar?

Neste capítulo, será possível conhecer o universo da avaliação audiológica.

É comum os pais relatarem e observarem que seus filhos não respondem aos chamados, não atendem aos comandos, entretanto correm em disparada quando ouvem o som do desenho favorito ou quando ouvem o som do carro que aponta de longe na esquina.

Há relatos de crianças que ouvem sons extremamente delicados e se assustam ou temem a sons fortes, inesperados e sons comuns nas atividades sociais como o cantar parabéns, sons de rojão, motos e até bexigas. Uma hiperacusia, ou seja, uma "superaudição"?

A hiperacusia manifesta-se com uma hipersensibilidade auditiva. Estudos mostram sua ocorrência em 16-100% dos casos de TEA (GOMES *et al.*, 2004).

Esses comportamentos controversos observados nas crianças com TEA são considerados um grande mistério para pais, familiares e professores e deixam dúvidas sobre a audição das crianças.

Em especial nos anos de 2020 e 2021, com a pandemia do coronavírus, um crescente número de famílias se viram diante de uma mudança de comportamento social e de vida que influenciou determinantemente no desenvolvimento dos seus filhos.

Assisti diariamente, em meu consultório, à crescente procura por exames de audição para exclusão de surdez em crianças e bebês que não se comunicavam verbalmente, não atendiam aos chamados, não compreendiam ordens verbais, com atraso global no desenvolvimento e com suspeita do Transtorno do Espectro do Autismo (TEA).

Famílias com rotinas pessoais e de trabalho modificadas para se adequarem ao estranho e desconhecido vírus que se aventurava pelo mundo e enclausurava bebês, crianças e seus pais. Uma ruptura no tão valioso convívio e nas oportunidades de exercer plenamente o brincar.

Telas de tablets e celulares passaram a ser a janela para o mundo para os adultos, crianças e bebês. Aulas virtuais e o uso da máscara causaram um impacto nos aspectos acústicos e perceptuais da fala, linguagem e da aprendizagem. Um desafio para as crianças que passaram a se relacionar com um mundo restrito e com reduzidas experiências tão preciosas para o desenvolvimento infantil.

O resultado de toda essa mudança e privação foi o atraso no desenvolvimento global das crianças. Suas famílias, observando a defasagem, principalmente de linguagem, passaram a procurar auxílio de especialistas.

Diante das queixas e observações da família, o passo inicial da investigação do TEA geralmente ocorre na consulta com o pediatra, que encaminha a família para o neurologista, foniatra, fonoaudiólogo especialista em linguagem e terapeuta ocupacional.

Um encaminhamento imprescindível neste quebra-cabeça é a avaliação otorrinolaringológica e os exames audiológicos, que deverão ser realizados por um fonoaudiólogo audiologista com experiência pediátrica.

A exclusão da deficiência auditiva é uma peça fundamental para o diagnóstico e o tratamento das crianças com suspeita de TEA.

No Brasil, é lei o teste da orelhinha, que avalia a audição dos bebês ao nascimento. Trata-se um exame rápido, indolor, seguro e que não depende da resposta comportamental da criança.

Dessa maneira, a maioria das crianças com suspeita de TEA ou TEA confirmado já realizou pelo menos um exame de audição na vida. Na carteirinha do bebê, muitos têm o resultado da triagem auditiva neonatal na página 39.

Na consulta com médico otorrinolaringologista, deverá ser realizada uma avaliação dos aspectos relacionados aos ouvidos, nariz e garganta, tipo de respiração (nasal ou oral), amígdalas, adenoide, presença de cerume, otites, presença de corpo estranho e voz.

O médico solicitará exames de audição que são realizados por fonoaudiólogo especialista em audiologia. A Audiologia é uma especialidade da Fonoaudiologia que investiga e reabilita os distúrbios de comunicação relacionados ao sistema auditivo.

Uma boa audição é fundamental para o desenvolvimento da fala e da linguagem. Audição e linguagem caminham lado a lado e são interdependentes.

O médico poderá solicitar exames de audição, que estão distribuídos na tabela abaixo. Os exames serão solicitados de acordo com o desenvolvimento da criança.

Tabela – Relação de exames audiológicos – modo de realização e preparo

	Audiometria Tonal	Audiometria Vocal	Imitanciometria	Bera com click ou Tone Burst	Emissões Otoacústicas
Estado da criança	Acordada	Acordada	Acordada ou dormindo	Dormindo	Dormindo
Depende da participação	Sim	Sim	Não	Não	Não
Realizado pelo convênio	Sim	Sim	Sim	Sim	Sim
O que avalia	Grau da audição	A detecção e discriminação das palavras	Se há secreção no ouvido médio ou disfunção tubária	Integridade das vias auditivas centrais	A função da orelha interna (cóclea)

Preparo	Brincar de colocar fone em casa, estar sem sono, sem fome. Dizer que vai ouvir um passarinho e vai encaixar um brinquedo.	Brincar de colocar fone em casa, estar sem sono, sem fome, levar objetos, brinquedos ou figuras que a criança reconheça e saiba o nome.	Brincar de colocar fone em casa e dizer que vai ouvir um passarinho que vai assoprar a velinha do aniversário e apitar ou cantar.	Colocar para dormir tarde na noite anterior, acordar bem cedo, levar mamadeira, naninha, chupeta, fazer dormir no horário do exame. Se for sob sedação, seguir as orientações do anestesista.	Colocar para dormir tarde na noite anterior, acordar bem cedo, levar mamadeira, naninha, chupeta, fazer dormir no horário do exame. Se for sob sedação, seguir as orientações do anestesista.
A partir de que idade	6 meses	6 meses	Nascimento	Nascimento	Nascimento
Onde é realizado	Cabine ou sala acústica	Cabine ou sala acústica	Sala convencional	Sala convencional ou acústica ou em centro cirúrgico se for sob sedação	Sala convencional ou acústica ou em centro cirúrgico se for sob sedação

A partir dos dados observados na tabela acima, é possível compreender a função dos exames solicitados e se preparar para sua realização.

A Audiometria Tonal e Vocal pode ser realizada a partir dos 6 meses de vida da criança, considerando-se os bebês nascidos a termo, com desenvolvimento neuropsicomotor dentro do padrão de normalidade.

A Imitanciometria ou Impedanciometria é uma valiosa ferramenta que detecta a presença de secreção ou catarro nos ouvidos médios. As otites serosas são silenciosas e causam uma perda auditiva reversível que interfere na percepção dos sons da fala.

Já o Bera, também conhecido como PEATE (Potencial Evocado Auditivo de Tronco Encefálico), e as Emissões Otoacústicas podem confirmar os resultados obtidos na Audiometria. Esses procedimentos também fornecem resultados altamente confiáveis, pois não dependem da participação das crianças, são chamados de exames eletrofisiológicos ou objetivos. O Bera oferece informações sobre os limiares auditivos.

O Bera é fundamental para as crianças com Audiometria inconclusiva e para o diagnóstico de vias auditivas centrais. O Bera pode ser realizado por frequência específica, trazendo informações detalhadas sobre a audição, chamado de Tone Burst.

As Emissões Otoacústicas Transientes ou do Produto de Distorção indicam a função da cóclea, órgão nobre da audição que transforma a onda mecânica em impulso nervoso por meio do nervo para o cérebro.

Outro exame objetivo não detalhado neste capítulo, mas que pode ser realizado é o Potencial Evocado Auditivo de Estado Estável, que traz informações por frequência específica, e seu preparo é como o do BERA.

O diagnóstico audiológico infantil só pode ser considerado completo quando são obtidas informações sobre o tipo, o grau e a configuração da audição por orelhas separadas.

Os exames que dependem da participação da criança são desafiadores e, em muitos casos, são complementados com os exames que não dependem da participação da criança, chamados de exames audiológicos objetivos: Bera e Emissões Otoacústicas.

A exclusão ou confirmação da perda auditiva na criança permitirá as corretas condutas, tratamentos e encaminhamentos necessários.

Para concluir o diagnóstico de TEA, é fundamental excluir a deficiência auditiva. A perda auditiva pode coexistir com o TEA.

Uma avaliação audiológica de sucesso é aquela em que os pais estão bem orientados e a ferramenta diagnóstica a ser utilizada está bem aplicada às necessidades e capacidades da criança avaliada.

Cada vez mais, o fonoaudiólogo que atua na área de audição na infância se depara com a necessidade de revisitar os aspectos relacionados ao desenvolvimento da linguagem e as atualidades sobre o TEA para poder acolher as famílias e aumentar a acurácia na investigação audiológica.

Referências

GOMES, E.; ROTTA, N. T.; PEDROSO, F. S.; SLEIFER, P.; DANESI, M. C. *Auditory hipersensitivity in children and teenagers with autistic spectrum disorder.* Arquivo Neuropsiquiátrico, 2004 Sep. 62(3B), pp.797-801.

LINARES, A. E. *Correlação do potencial evocado auditivo de estado estável com outros achados em audiologia pediátrica.* Tese de doutorado. São Paulo: Faculdade de Medicina da Universidade de São Paulo, 2009.

MAGLIARO, F. C. L. *Avaliação comportamental, eletroacústica e eletrofisiológica da audição em autismo.* Dissertação São Paulo: Faculdade de Medicina da Universidade de São Paulo; 2006.

5

AUTISMO E INCLUSÃO ESCOLAR
PRIMEIRAS PERCEPÇÕES E APROXIMAÇÕES

Os temas autismo e inclusão escolar ainda geram inúmeras dúvidas, principalmente em relação aos conceitos abrangentes, abordagem e condução do aluno autista no espaço escolar. A perspectiva apresentada neste capítulo se orienta a partir de nossos estudos e prática docente centrados no acompanhamento de crianças autistas no âmbito da escola pública.

ANTONIEL GONÇALVES

Antoniel Gonçalves

Contatos
www.autismoemevidencia.com.br
Instagram: @autismo_em_evidencia
48 99819 0100

Pedagogo graduado e licenciado pela Universidade Federal de Santa Catarina (UFSC), autista, professor e pesquisador na áera da educação. Mestrando em Educação e Tecnologias Digitais pela Universidade de Lisboa (Portugal), pós-graduado em Neuropsicopedagogia, Educação Especial e Inclusiva, Supervisão Escolar.

Autismo

Segundo o Manual de Diagnóstico e Estatístico de Transtornos Mentais (DSM-5), o autismo é um transtorno do neurodesenvolvimento caracterizado por dificuldades de interação social, comunicação, comportamentos repetitivos e restritos, apresentando variação nos sintomas de caso a caso. Ainda que a causa exata do transtorno do espectro autista (TEA) seja uma questão a ser desvendada para a medicina, as pesquisas têm apontado para causas multifatoriais a exemplo da genética, da má formação cerebral e fatores ambientais, entre outros (APA, 2013).

O diagnóstico do autismo é clínico, segue critérios estabelecidos no DSM-5 e 11ª versão da Classificação Internacional das Doenças (CID-11). Ambos trazem instruções detalhadas e códigos distintos para a devida diferenciação entre autismo com e sem deficiência intelectual, comprometimento da linguagem funcional, além da gravidade de cada caso. Em geral, a pessoa diagnosticada com de TEA apresenta alguma comorbidade, como Transtorno do Déficit de Atenção com Hiperatividade (TDAH), problemas motores, distúrbios do sono, deficiência intelectual, epilepsia, entre outras.

Em recente estudo publicado, Maenner, Shaw, Bakian, *et al*. (2021) indicam que a prevalência do autismo é de 01 caso a cada 44 crianças na faixa etária de oito anos. No Brasil, ainda não dispomos de pesquisas robustas em relação à prevalência do autismo, dificultando o desenvolvimento de políticas públicas direcionadas à atenção básica dessas pessoas.

O diagnóstico é traçado conforme a gravidade do comprometimento de cada paciente, que pode ser definido em três níveis (1, 2 e 3), variando de acordo com o grau de funcionalidade e dependência de cada um. Logo, para o fechamento do diagnóstico, é necessário que o paciente apresente prejuízos persistentes na comunicação social, comportamento repetitivo e restrito que constituem a díade do autismo (PROGENE/USP, 2020). Em alguns casos, os pacientes podem apresentar alguma disfuncionalidade cognitiva, limitando suas habilidades de processar diferentes informações relacionadas à memória, praxia, linguagem, atenção, percepção sensorial e funções executivas, entre outras.

Níveis de gravidade do transtorno do espectro autista segundo o DSM-5:

- **Nível 1:** se enquadram neste nível os pacientes que necessitam de pouco suporte na sua rotina diária. Podem apresentar dificuldades em situações sociais, serem capazes de se comunicar verbalmente, podem apresentar inflexibilidade no comportamento, dificuldade de desenvolver um diálogo, fazer novas amizades e mantê-las, desconforto com mudanças inesperadas;
- **Nível 2:** se enquadram neste nível os pacientes que necessitam de moderado suporte na sua rotina diária. Geralmente apresentam inflexibilidade do comportamento, reduzida habilidade social, necessitam de algum suporte para participar de atividades sociais, podem ou não se comunicar verbalmente, dificuldade em expressar suas emoções por expressões faciais ou fala, não gostam de serem interrompidos e podem apresentar elevado grau de irritabilidade por esta interrupção;
- **Nível 3:** se enquadram neste nível os pacientes que necessitam de substancial suporte na sua rotina diária. Embora alguns pacientes possam se comunicar verbalmente, muitos não falam e apresentam déficits severos na comunicação verbal e não verbal, inflexibilidade do comportamento, significativa dificuldade nas habilidades sociais, comportamentos restritivos e repetitivos que dificultam seu funcionamento independente no cotidiano.

Um dos aspectos que não é comumente mencionado é o risco de suicídio entre pessoas com diagnóstico de autismo, que é quatro vezes maior do que em pessoas que estão fora do espectro autista. A carência de um debate mais amplo a respeito desse tema é uma barreira que precisa ser superada em favor da compreensão deste alarmante problema e melhor qualidade de vida da pessoa autista. Estudo publicado por Segers e Rawana na revista *Lancet Psychiatry*, em 2014, chama atenção para o alto índice de suicídio entre pessoas autistas no nível de gravidade 1, ou seja, entre pessoas que recebem o indicativo de necessidade de pouco suporte em sua rotina diária. Em sua maioria, são adolescentes frequentadores da escola regular, que tem entre suas aspirações o bom convívio social. Esses altos índices de suicídio podem estar relacionados a estas pessoas possuírem maior consciência a respeito de suas limitações, desafios em se relacionarem com seus pares, resultando na exclusão social e este ser um fator de aumento do estado de sofrimento, amplificando, assim, o desejo de tirar a própria vida.

Autismo e inclusão escolar

Segundo o censo escolar de 2019, desenvolvido pelo Instituto Nacional de Estudos e Pesquisas Educacionais Anísio Teixeira (INEP), o número de estudantes autista matriculados nas classes comuns de escolas públicas e privadas no Brasil aumentou em um ano 37,27%.

Uma das justificativas para o significativo aumento se dá em função do aprimoramento do diagnóstico, melhoria na difusão dos conceitos abrangentes ao transtorno do espectro autista, especialização de maior número de médicos e demais profissionais e a exigência legal prevista na Lei nº. 13.146, de 6 de jul. de 2015, que determina a obrigatoriedade da matrícula do estudante autista e outras deficiências nas classes comuns das escolas públicas e privadas do país.

É necessário que se tenha a percepção de que a inclusão escolar é uma forma de inserção das pessoas com deficiência na sociedade. Tem por objetivo acolher sem discriminar aqueles que são diferentes. No caso dos alunos autistas, os quais são considerados pessoas com necessidades educacionais especiais, é papel da escola, da família, da comunidade em geral desenvolver estratégias que colaborem na inclusão desses alunos, mas principalmente da escola, que tem por dever se adequar para acolher as demandas de cada um da melhor forma possível, sem se distanciar da perspectiva de que a sociedade se estrutura e se desenvolve a partir dos diferentes sujeitos.

O processo de inclusão escolar do aluno autista é delicado e complexo dadas as especificidades de cada um e se constitui a partir de uma dinâmica relacional entre aluno, família e escola. É necessário que a escola esteja aberta e, em conjunto com a família, planeje como, quando e de que forma o processo de inclusão deste aluno se desenvolverá, considerando que as percepções de tempo e espaço da pessoa autista se diferencia em alguns aspectos das que estão fora do espectro autista.

É importante que o coletivo que compõe a escola, nos seus mais diferentes sujeitos (professores, direção, supervisão, administrativo, portaria, higienização, nutrição, familiares e demais alunos), esteja envolvido no processo de inclusão do aluno autista. É relevante que este coletivo tenha acesso à informação de qualidade e formação adequada, possibilitando conhecer e se apropriar de diferentes estratégias e ferramentas pedagógicas que visem não homogeneizar ou mascarar as diferenças, mas que valorizem as potencialidades e as características de cada aluno.

Em nossa prática docente diária observo algumas vezes que este movimento toma uma direção contrária, o que se sobressai são as dificuldades, o preconceito e o descaso. Uma das principais barreiras ao sucesso da inclusão escolar do aluno autista não é especificamente no campo urbanístico ou arquitetônico, são as barreiras atitudinais que estão relacionadas a atitudes ou comportamentos preconceituosos que prejudicam a participação social da pessoa deficiente em igualdade de condições e oportunidades com as demais pessoas.

A falta de empatia, formação adequada e contínua são fatores potencializadores do sofrimento desses alunos, sobretudo da exclusão escolar. Nem sempre o comportamento de resistência, de indisciplina de um aluno autista representa teimosia, preguiça ou falta de limites. Pode ser que esse comportamento esteja relacionado à necessidade desse aluno manter a previsibilidade, reação à quebra de rotinas, tentativa de autorregulação sensorial ou não saiba como atender às expectativas exigidas (GARCIA, 2019). O que para muitos pode parecer uma birra ou agressividade é, na maioria das vezes, um reflexo das dificuldades que as pessoas autista têm em comunicar seus desconfortos, dores e frustrações.

O sucesso da inclusão escolar da pessoa autista e outras deficiências está associado em grande parte a políticas públicas efetivas que favoreçam o acesso a informações de qualidade, à formação robusta e continuada do coletivo que compõe a escola e, sobretudo, o exercício de nos colocarmos no lugar do aluno, da família e refletir sobre a nossa prática, objetivando compreender como todos estão se sentindo neste espaço, porque ambos precisam se sentir acolhidos e felizes no espaço escolar.

É importante que se valorize as habilidades do aluno autista, estimulando um desenvolvimento mais autônomo, independente, que resulte cada vez menos do auxílio do acompanhamento especializado.

Desde 2012, está em vigor a Lei nº 12.764 que trata sobre a Política Nacional de Proteção aos Direitos da Pessoa com diagnóstico no Transtorno do Espectro do Autismo. Ela assinala que a pessoa autista matriculada nas classes comuns do ensino regular, desde que comprovada necessidade, terá direito a um plano educacional especializado (PEI) e acompanhante especializado no período abrangente ao atendimento escolar.

É papel do acompanhante especializado dar apoio ao aluno autista no aprimoramento de habilidades sociais e outras competências que objetivam ajudar este aluno no desenvolvimento da aprendizagem significativa. É imprescindível que nesse processo o acompanhante especializado auxilie a comunidade escolar a desenvolver novas estratégias de comunicação que favoreçam a inclusão do aluno autista no contexto escolar como um todo.

Logo, o processo de inclusão se dá muito além do período de inserção. É necessário que se viabilizem os meios e recursos necessários a fim de se garantir uma aprendizagem de qualidade e permanência desse aluno na escola.

Certamente, o processo de inclusão escolar do aluno autista e outras deficiências deficiência é um grande desafio, haja vista que a escola atual não foi pensada para todos. É perceptível que os sistemas de ensino público e privado não estão preparados para atender a demanda exigida para efetiva inclusão desses alunos. É crucial que o setor público e privado tenham consciência de que o êxito para efetiva inclusão do aluno autista e outras deficiências se dá muito além da simples presença do aluno em sala, passa pelo reconhecimento e valorização dos diferentes sujeitos e suas especificidades e sólida formação dos profissionais envolvidos no processo.

Referências

APA. American Psychiatric Association. *DSM-V: Diagnostic and statistical manual of mental disorders* (5. ed.). Washington, DC. 2013. Disponível em: <https://www- psychiatryorg.translate.goog/psychiatrists/practice/dsm?_x_tr_sl=en&_x_tr_tl=pt&_x_t r_hl=pt-BR&_x_tr_pto=nui,sc>. Acesso em: 01 nov. de 2021.

BRASIL. Lei Federal nº 12.764/2012, de 27 de dezembro de 2012. Institui a Política Nacional de Proteção dos Direitos da Pessoa com Transtorno do Espectro Autista; e altera o § 3o do art.º. 98 da Lei no 8.112, de 11 de dezembro de 1990. Diário Oficial [da] República Federativa do Brasil, Brasília, DF: 28 dez. 2012. Disponível em: <http://www.planalto.gov.br/ccivil_03/_ato2011-2014/2012/lei/l12764.htm>. Acesso em: 01 nov. de 2021.

BRASIL. Lei n. 13.146, de 6 de julho de 2015. Lei Brasileira de Inclusão da Pessoa com Deficiência. Diário Oficial da União [da] República Federativa do Brasil, Brasília, DF: 2015. Disponível em: <http://www.planalto.gov.br/ccivil_03/_Ato2015- 2018/2015/Lei/L13146.htm>. Acesso em: 01 nov. de 2021.

GARCIA, L. *O que você vê, não é, pode ser*. Mogi das Cruzes, 2019. Disponível em: <https://www.instagram.com/p/Bz1OiK1pJ6u/>. Acesso em: 11 nov. de 2021.

INEP. Instituto Nacional de Estudos e Pesquisas Educacionais Anísio Teixeira. *Censo da Educação Básica 2019: notas estatísticas*. 2020. Disponível em:

<https://download.inep.gov.br/publicacoes/institucionais/estatisticas_e_indicadores/notas_estatisticas_censo_da_educacao_basica_2019.pdf> Acesso em: 30 maio de 2022.

MAENNER M. J.; SHAW, K. A.; BAKIAN, A. V. et al. *Prevalência e características do transtorno do espectro do autismo entre crianças de 8 anos*. In: Rede de Monitoramento de Deficiências de Desenvolvimento e Autismo, 11 Sites, Estados Unidos, 2018. MMWR Surveill Summ 2021; 70 (No. SS-11): 1-16. DOI: <http://dx.doi.org/10.15585/mmwr.ss7011a1/asset_publisher/6JYIsGMAMkW1/document/id/6798882>. Acesso em: 15 nov. de 2021.

PROGENE. Programa Genoma e Neurodesenvolvimento. Universidade de São Paulo (USP). São Paulo, 2020. Disponível em: <https://progene.ib.usp.br/transtorno-do- espectro-autista/>. Acesso em: 09 nov. de 2021.

SEGERS, M.; RAWANA, J. *O que sabemos sobre suicídio em transtornos do espectro do autismo? Uma revisão sistemática*. In: Autism Research, v. 7, n. 4, 2014, pp. 507-521. Disponível em: <https://www.thelancet.com/journals/lanpsy/article/PIIS2215-0366%2817%2930162- 1/fulltext#back-bib4>. Acesso em: 05 nov. de 2021.

WORLD HEALTH ORGANIZATION. ICD-11 implementation or transition guide. Geneva: WHO; 2019. License: CC BY-NC-SA 3.0 IGO. Disponível em: https://icd.who.int/docs/ICD- 11%20Implementation%20or%20Transition%20Guide_v105.pdf>. Acesso em: 05 nov. de 2021.

6

BENEFÍCIOS DA ATIVIDADE FÍSICA PARA CRIANÇAS COM TRANSTORNO DO ESPECTRO AUTISTA

Neste capítulo, os pais vão poder saber quais são os benefícios que a prática da atividade física pode proporcionar para as crianças com Transtorno do Espectro Autista.

CAROLINA ROBORTELLA DELLA VOLPE

Carolina Robortella Della Volpe

Contatos
www.mamaesdepequenos.blogspot.com
mamaesdepequenos@gmail.com
Instagram: @_carol.volpe

Profissional de Educação Física formada pela Universidade São Judas Tadeu (2006), com pós-graduação em *Personal Trainer* (Universidade Gama Filho), Nutrição materna infantil (Unyleya), Fisiologia do Exercício (Unyleya). *Personal trainer* e instrutora de musculação da Sosaúde Academia e Studio de São Paulo; especialista em consultoria online para exercícios físicos para mulheres. Blogueira e escritora da página Mamães de Pequenos.

Ensina-me de várias maneiras, pois assim sou capaz de aprender.
CINTIA LEÃO SILVA

Em 1911, o termo "autismo" foi utilizado pela primeira vez por Bleuber para caracterizar a perda de contato com a realidade, gerando dificuldade ou impossibilidade de comunicação (GADIA, 2004).Também chamado como Transtorno do Espectro Autista, é caracterizado como um grave transtorno que acomete a sequência e a qualidade do desenvolvimento infantil, causando alterações significativas na comunicação e na interação social (GOMES; SILVEIRA, 2016). Também pode ser entendido como um transtorno de neurodesenvolvimento, resultando em déficits nas dimensões sóciocomunicativas e comportamentais do indivíduo (APA, 2013).

Os sintomas normalmente estão presentes no início da infância, mas podem não se manifestar completamente até que as demandas sociais excedam o limite de suas capacidades, sendo que um dos déficits do indivíduo autista é apresentar dificuldades de se relacionar com outras pessoas, com a articulação de palavras e nas expressões de personalidade (SOUZA; FACHADA, 2012; MAKITO OKUDA, *et al*, 2010).

Com isso, os indivíduos com Transtorno do Espectro Autista tendem a ficar mais isolados e pouco interagem com as pessoas ao seu redor, o que ocasiona um aumento de sobrepeso corporal. Acredita-se que as crianças com Transtorno do Espectro Autista têm cerca de 40% a mais de chance de possuírem sobrepeso ou obesidade quando comparadas às crianças sem o transtorno. Por conseguinte, torna-se de fundamental importância estudos relacionados à atividade física para diminuir os níveis de sobrepeso e obesidade nessa população (FONSECA, 1998; GALLAHUE, OZMUN, 2005; LE BOUCH, 2008;ROSA NETO, 2009; LUCENA *et al*, 2010; Curtin, *et al*, 2010).

Há também em crianças com Transtorno do Espectro Autista o atraso no desenvolvimento da marcha, no equilíbrio, na organização espacial e temporal e no esquema corporal; esses comprometimentos no desenvolvimento motor levam-nas a apresentarem dificuldades de aprendizagem (FONSECA, 1998; GALLAHUE, OZMUN, 2005; LE BOUCH, 2008; ROSA NETO, 2009; LUCENA *et al*, 2010).

Com relação a aprender a utilizar o seu corpo do mesmo modo que uma criança sem qualquer alteração neurológica ou motora, a criança com Transtorno do Espectro Autista apenas tem mais dificuldade em processar a informação. A dificuldade de socialização pode também provocar atraso no desenvolvimento psicomotor (LEBOYER, 1985; PEREIRA, 1996; SASSANO, 2003).

Segundo Cordioli *et al.* (2014), há vários tipos de Transtorno do Espectro Autista como, por exemplo, o Autismo Clássico, que é caracterizado por falhas na comunicação e interação social e é diagnosticado antes dos 3 anos de idade. Este divide-se em duas subcategorias:

- Autismo Clássico de Alto Funcionamento: competências linguísticas em atraso; QI na média;
- Autismo Clássico de Baixo Funcionamento: é um caso mais grave do autismo; QI abaixo da média.

Outra variação do autismo é a Síndrome de Asperger (SA), que se caracteriza por habilidades verbais excepcionais e dificuldade no desenvolvimento da motricidade fina e grossa; indivíduos classificados nesta categoria podem, por exemplo, ser capazes de rotular milhares de objetos, mas ter dificuldade em pedir ajuda no manuseio dos mesmos. Outra variável do autismo é o Transtorno Invasivo do Desenvolvimento (TID). Essa categoria é diagnosticada junto à Síndrome de Asperger, porém crianças com esse transtorno possuem atraso na linguagem, diferentemente da Síndrome de Asperger.

A nova edição do DSM (Manual Diagnóstico e Estatístico de Transtornos Mentais) prevê algumas modificações na organização do diagnóstico do Transtorno do Espectro Autista, o que contribuiu para aumentar a clareza referente aos critérios diagnósticos e facilitar a observação clínica. A seguir, expõe-se a definição dos critérios separados pela díade, segundo o DSM-V (2013):

1. Déficits clinicamente significativos e persistentes na comunicação social e nas interações sociais, manifestadas de todas as maneiras seguintes: a. déficits expressivos na comunicação verbal e não verbal usada para a interação social; b. falta de reciprocidade social; c. incapacidade para desenvolver e manter relacionamentos de amizade apropriados para o estágio de desenvolvimento;

2. Padrões restritos e repetitivos de comportamento, interesse e atividades, manifestados pelo menos por duas das maneiras abaixo:
   a. comportamentos motores ou verbais estereotipados ou comportamentos sensoriais incomuns;
   b. excessiva adesão/aderência a rotinas e padrões ritualizados de comportamento;
   c. interesses restritos, fixos e intensos.

Neste capítulo, vamos falar sobre a importância da realização da atividade física para os indivíduos com autismo.

Todos nós temos o conhecimento de que toda e qualquer atividade física praticada de forma correta influencia positivamente na saúde e no bem-estar, além de prevenir diversas doenças crônicas (WARBURTO, NICOL, BREDIN, 2006; KLAVESTRAND, VINGARD, 2009).

Além disso, a atividade física também tende a impactar positivamente na dimensão físico-motora; e toda criança tem como bagagem inicial movimentos básicos, nos quais, com a prática da atividade física, ficam mais complexos, pois a evolução dessa conduta motora ajuda no enriquecimento do desenvolvimento motor (BREMER, CROZIER, LLOYD, 2016; ARRIBAS, 2002).

Apesar de termos diversos referenciais teóricos que indicam que a atividade física é benéfica aos indivíduos com Transtorno do Espectro Autista, temos também diversas restrições no dia a dia. Os familiares que acompanham a vida do autista apontam que há barreiras para que uma criança que possua Transtorno do Espectro Autista participe de uma atividade física regular.

Dentre essas barreiras, as mais apontadas são: habilidade motora fraca, problemas comportamentais e de aprendizado, dificuldade com habilidades sociais; necessitam de muita supervisão, possuem poucos amigos, profissionais não qualificados para lidar com o público, poucas oportunidades de exercício – e quando o mesmo existe, o preço vai além do que a família consegue arcar – e exclusão por parte das outras crianças (MUST *et al.*, 2015).

Outros estudos mostram que crianças com Transtorno do Espectro Autista com baixa habilidade cognitiva e social tendem a ser fisicamente menos ativas e mais sedentárias (MEMARI *et al.*, 2017). Portanto, apesar de existir todas essas barreiras, é muito importante que o exercício físico esteja presente de alguma forma no dia a dia da criança com Transtorno Invasivo do Desenvolvimento, para que, assim, ela tenha melhor desenvolvimento e possa viver mais independente.

A prática da atividade física para indivíduos com Transtorno do Espectro Autista proporciona diversas oportunidades de aprendizagem, bem como prazer e melhoria da autoestima, que ajudam na sua qualidade de vida. Porém, a atividade física também auxilia nos déficits motores, incluindo a performance motora, envolvidos com a coordenação motora - marcha, equilíbrio, funções dos braços e planejamento do movimento (SCHLIEMANN, 2013).

Por meio da atividade física e da expressão corporal, é possível desenvolver aspectos comunicativos e sociais para indivíduos com Transtorno do Espectro Autista e a melhoria da proficiência motora. A criança com Transtorno do Espectro Autista pode vencer a ociosidade e a baixa capacidade de iniciativa, desenvolvendo, assim, uma interação social mais adequada (LÔ, GOEL, 2010; TOMÉ, 2007; WROTNIAK *et al*, 2006).

A utilização de atividades perceptivo-visomotoras, sensório-motoras, atividades lúdicas, jogos simbólicos, jogos em grupos, atividades sinestésicas são importantes para que possam ser trabalhadas a organização espacial e temporal, equilíbrio corporal e coordenação motora fina; e esses tipos de atividades são eficazes em crianças com Transtorno do Espectro Autista para o estímulo de organização e sequenciamento do ato motor, no auxílio de perceber melhor seu corpo (OKUDA *et al*, 2010).

A atividade física ajuda no desenvolvimento da motricidade, levando a maior envolvência com o corpo – consigo próprio – e com o espaço – meio envolvente (ROGÉ *et al*, 2012). Podemos citar três principais atividades em que a criança com Transtorno do Espectro Autista pode melhorar:

- Atividades de motricidade global que incitam a produção de movimentos de certa amplitude que requerem velocidade, capacidade de resposta, capacidade de responder a um obstáculo, como saltar, correr, lançar etc.;
- Atividades de coordenação motora que propõem o desenvolvimento e encadeamento de gestos e ações, como ritmo, jogos de destreza e oposição;
- Atividades de expressão corporal que levam os indivíduos com autismo a procurarem representar com recurso gestual, sons, temas, ritmos inventados etc.

As atividades lúdicas permitem melhora em crianças com Transtorno do Espectro Autista, principalmente em relação à ampliação do repertório motor, à vivência lúdica e no aspecto do convívio social com colegas. Também melhoram a proficiência motora, coordenação sequencial e simultânea entre membros inferiores e membros superiores, favorecendo o equilíbrio, a velocidade, a agilidade, a força e a coordenação motora dos membros superiores.

Podemos observar nas crianças com Transtorno do Espectro Autista um benefício com a prática de atividades físicas e lúdicas, principalmente nas dimensões do aprendizado sensório-motor, da comunicação e da socialização (MASION, 2006).

Matthews (1977) mostra que crianças necessitam de jogos, brincadeiras e ouvir músicas porque ajudam o lado psicossocial, afetivo e isso está ligado diretamente ao desenvolvimento motor de todas as crianças em qualquer faixa etária. A música é um fenômeno humano que está presente em todas as culturas conhecidas e tem sido utilizada desde o entretenimento e o favorecimento de experiências estéticas a acalmar crianças agitadas, eliciar emoções, favorecer a coesão social, expressar consciência social e crenças religiosas, dentre várias outras funções (GFELLER, 2008; KOELSCH, 2014).

Esportes coletivos possuem maior impacto positivo na vida do autista do que esportes individuais, pois os esportes coletivos são mais benéficos, proporcionam um entrosamento social que muitos indivíduos com Transtorno Invasivo do Desenvolvimento não possuem ou evitam possuir por medo do contato físico.

Dessa forma, deve-se focar em uma intervenção na qual os participantes tenham contato físico e social com outras pessoas que também possuam Transtorno do Espectro Autista para que o engajamento no exercício seja ainda maior devido a essa interação. Além de uma intervenção voltada a esportes coletivos, é necessário preparar anteriormente todos os profissionais que serão envolvidos no estudo para que eles saibam lidar corretamente com esse tipo de população a fim de que não ocorra nenhuma falha nesse quesito.

Há um progresso da criança com Transtorno do Espectro Autista também no rendimento físico, no melhor conhecimento das capacidades de seu corpo, na melhor representação do seu corpo na relação com o ambiente externo, na melhor comunicação e socialização com os companheiros de equipe por meio dos jogos lúdicos (MASSION, 2006).

Para Capitanio (2003), a prática da atividade física possibilita muitos estímulos para o desenvolvimento e o crescimento físico, fisiológico, desenvolvimento motor, aprendizagem motora, desenvolvimento cognitivo e afetivo-social, fatores que são prejudicados pelos sintomas do Transtorno do Espectro Autista.

Cruz (2014) complementa que, para as especificidades do autismo, é fundamental o investimento constante nos processos de coletividade. "Propiciar condições para o desenvolvimento deles por meio do contato significativo e interativo com o outro é caminhar para além da caridade social, compreendendo suas ações como participações significativas no meio social" (CRUZ, 2014: 64).

O esporte pode proporcionar para os indivíduos com Transtorno do Espectro Autista inúmeros benefícios. Vários estudos citados (LOURENÇO; ESTEVES, CORREDEIRA, 2016; MASSION, 2006; ARAÚJO, 2014) demonstram que a prática regular de exercício físico pode gerar benefícios para a saúde das pessoas com este transtorno e que, mesmo apresentando dificuldades, são capazes de desenvolver atividades de forma natural.

Referências

AMERICAN PSYCHIATRIC ASSOCIATION et al. *Diagnostic and statistical manual of mental disorders* (DSM-V®). American Psychiatric Pub, 2013.

ARRIBAS, T. L. *A educação física de 3 a 8 anos*. Porto Alegre: Artmed, 2002.

BREMER, E.; CROZIER, M.; LLOYD, M. A systematic review of the behavioural outcomes following exercise interventions for children and youth with autism spectrum disorder. In: *Autism*, [s.l.], v. 20, n. 8, 2016, pp. 899-915. Disponível em: <http://dx.doi.org/10.1177/1362361315616002>. Acesso em: 31 maio de 2022

FONSECA, V. da. *Da filogênese à ontogênese da motricidade*. Porto Alegre: Artes, 1988.

GADIACA, T. R.; ROTTA N. T. *Autismo e doenças inasivas de desenvolvimento*. J. Pediatrics. 2004 abr; 80 (supl 2), pp. 83-94. Disponível em: <http://dx.doi.org/10.1590/S0021-75572004000300011>. Acesso em: 31 maio de 2022.

GALLAHUE, D. L.; OZMUN, J. C. *Compreendendo o desenvolvimento motor*. 3. ed. São Paulo: Phorte, 2005.

GOMES, C. G. S. *Ensino de habilidades básicas para pessoas com autismo*. Curitiba: Appris, 2016.

KLAVESTRAND, J.; VINGARD, E. The relationship between physical activity and health-related quality of live. *Scand J Med Sci Sports*, v. 19, n.3, 2009.

LE BOUCH, J. *O corpo na escola no século XXI: práticas corporais*. Phorte, 2008.

LÔ, E. N.; GOERL, D. B. Representação emocional de crianças autistas frente a um programa de intervenção motora aquática. In: *Revista da graduação*, v. 3, n. 2, 2010.

LUCENA, N. M. G. de, *et al.* Lateralidade manual, ocular e dos membros inferiores e sua relação com déficit de organização espacial em escolares. In: *Estud. psicol.*(Campinas), v. 27, n. 1, 2010.

MASSION, J. Sport et autism. In: *Science & Sports*, v. 21, 2006, pp. 243-248.

OKUDA, P. M.; MISQUIATTI, A. R. N.; CAPELLINI, S. A. Caracterização do perfil motor de escolares com transtorno autístico. In: *Revista educação especial*, v. 23, n. 38, 2010.

NETO, F. R. *Manual de avaliação motora para terceira idade.* São Paulo: Artmed, 2009.

SCHLIEMANN, A. L. *Esporte e Autismo: estratégias de ensino para inclusão esportiva de crianças com transtornos do espectro autista (TEA).* Trabalho de Conclusão de Curso (Graduação em Bacharelado em Educação Física da Faculdade de Educação Física da Universidade de Campinas), Campinas-SP: 2013. Disponível em: <http://www.bibliotecadigital.unicamp.br/document/?down=000949239>. Acesso em: 17 nov. de 2018.

SOUZA, G. L.; FACHADA, R. Atividade física para crianças autistas: reconstruindo a base sócia familiar. In: *EFDeportes.com, revista digital.* Buenos Aires, Ano 17, Nº 173, Octubre de 2012.

TOMÉ, M. *et al.* Educação física como auxiliar no desenvolvimento cognitivo e corporal de autistas. In: *Movimento e percepção*, v. 8, n. 11, 2007.

WROTNIAK, B. H. *et al.* The relationship between motor proficiency and physical activity in children. In: *Pediatrics*, v. 118, n. 6, 2006.

7

A CIÊNCIA ABA, EU E BERNARDO

Neste capítulo, você encontrará um caminho a trilhar nesse mundo singular. Achará uma forma de ajudar seu filho e conhecerá a força do amor, que é capaz de superar qualquer obstáculo. Espero que, por meio do meu testemunho, encontre essa força para começar ou continuar, pois NINGUÉM fará melhor do que você.

DEJANE MENEZES

Dejane Menezes

Contatos
www.horaludica.com
dejane.cmenezes@yahoo.com.br
Grupo Facebook: Simplificando o TEA
Página do Facebook: Simplificando TEA
Instagram: Simplificando TEA
67 98164 9929

Coach infantil especialista pelo método Kidcoaching do Instituto de Crescimento Infantojuvenil – Rio de Janeiro. Graduanda em Psicopedagogia – Aplicadora ABA – Instituto Singular. A.T (acompanhante terapêutico) - Instituto Singular. Especialista em Ensino da Matemática em Criança com Autismo – Academia do autismo – Especialista em comunicação alternativa para crianças com TEA. Vó em tempo integral do Bernardo, que tem 5 anos. Auxiliadora de pais e cuidadores de um grupo de mães de autistas – criadora de materiais cognitivos para crianças típicas e atípicas.

Resolvi, por meio deste livro, contar minha experiência com a ciência ABA, e com esse serzinho que hoje se tornou a principal pessoa que veio me ajudar naquilo que eu tanto queria: ser um ser humano melhor. Mas sabia, de antemão, que teria que largar por um tempo a minha vida, e que valeria muito a pena. Queria de alguma forma fazer a diferença na vida de um ser humano, esse sempre foi meu maior desejo, porém não sabia por onde começar. Deus me enviou a resposta. O autismo bateu na minha porta. E, com isso, esse pequeno serzinho entrou na minha vida. Ele foi o ser humano que Deus decidiu mandar aqui na Terra para me ajudar. Sim, fui eu que tive ajuda dele. Muitos devem falar: "que bom que ele tem você". Mas eu falo: "graças a Deus que eu o tenho! Me transformou, deu um sentido maior na minha vida. Então, o maior beneficiado nessa história fui eu!".

No início de tudo, estávamos perdidos, sem saber por onde começar. Eu percebi algo diferente com nosso Bernardo. Naquela época, ele estava com 1 ano e 3 meses. Ele sempre foi uma criança linda, sorridente, mas tinha algo diferente no olhar. Foram vários momentos de dúvida, medo, insegurança etc. Em meio aquilo tudo, várias crises na madrugada, em que seus avós por parte de mãe sofriam e buscavam também ajudá-lo no que era necessário. Nesses momentos de crise, eles, muitas vezes, levavam-no para passear de carro dentro do condomínio, na esperança de acalmá-lo. Convívio social? Nem pensar! Várias restrições alimentares também foram aparecendo com o passar dos meses. E, assim, quando ele completou 1 ano e 8 meses, começamos a fonoaudiologia, pois ele não falava nada.

Foram 3 meses de fonoaudiologia. Bê passou a falar algumas palavras e isso já encantou todos nós. Poder ouvir a voz dele. Ouvi-lo chamar vovó foi a coisa mais sublime que eu pude ouvir. Que felicidade! Mesmo ele fazendo fonoaudiologia, sentia que faltava algo e que ele não ia com muito prazer para a terapia. Resolvemos, então, levá-lo para fazer a terapia multidisciplinar: T.O, psicólogo, psiquiatra e neuro. Nada. Foi o caos! Era simplesmente uma tortura para ele toda essa correria. Ele já começava o choro no momento que falávamos aonde estávamos indo. Nesse dia eu decidi deixar minha vida de lado, meus medos, e ajudar meu príncipe nos seus potenciais que estavam ali, diante de todos nós, esperando para aflorar.

Quando decidi eu mesma fazer as intervenções no meu neto, foi pela falta, na nossa cidade, de terapias que fossem exclusivas para o perfil do Bernardo. Ele, além de não ter tido nenhum desenvolvimento com essas terapias, era uma peleja deixá-lo na clínica, devido ao excesso de medo e crises que ele apresentava.

Decidi, então, me qualificar como Aplicadora ABA e, em seguida, em T.O. Ao término desses dois, me formei em *Kidcoaching*, com a Márcia Belmiro, no Instituto Infantojuvenil, no Rio de Janeiro. Comecei também minha qualificação em Psicopedagogia. Iniciei logo após um curso para entender como funcionava a parte sensorial dele, pois não parava um minuto quieto e, com isso, percebi a hiperatividade e hipersensibilidade dele. Fiz vários outros cursos para melhor entender o transtorno e como funcionava cada etapa da idade dele. Com isso em mãos, tracei o perfil dele. E a ABA naturalista, foi tiro e queda! Brincar! Quem não gosta? Mas com função. E é isso que faço de 4 a 5 dias na semana com ele. São 11 h de brincadeiras diárias, muita diversão, risos e muita estimulação com esse pequeno que veio tornar meu mundo mais prazeroso. Pois quem não gosta de sentir a sensação de ser criança novamente? E com um propósito maior? E, assim, eu me encontro no dia de hoje, fazendo e estando com os seres mais especiais deste mundo: a criança que tem dentro de mim e ele, meu Bernardo.

Já se passaram 3 anos e 9 meses e, graças a Deus, nosso Be é outra criança. Como não amar uma ciência que fez toda a diferença na vida do nosso príncipe e de toda a família? Por isso resolvi compartilhar com você essa experiência ímpar.

Se você, na sua cidade, tem disponível um bom terapeuta ABA que busca fazer com excelência a quantidade devida de intervenção, perfeito! Faça. Mas digo também o contrário, se não tem, arregace as mangas e vá à luta! Você é a chave mestra para o desenvolvimento de seu filho. Assim como eu, que somente entendia o comportamento das crianças por ser *coach*, consegui fazer essa grande diferença na vida do meu neto, você também consegue. Busque tudo o que a ciência ABA tem disponível para o desenvolvimento do seu filho.

Quando iniciei nessa jornada, tive a bênção de encontrar esse anjo chamado Mayra Gaiato. Ah! Se vocês a conhecem, sabem de quem estou falando. Cada desenvolvimento que o Be tinha era uma alegria imensa. Todo o desenvolvimento do Bernardo eu devo primeiramente a Deus e a Mayra, pois foi por ela que conheci essa ciência e foi por essa ciência que meu neto superou todos os seus atrasos. Então, eu vi, pelo sucesso na vida dele, que estava no caminho certo.

Após concluir o curso e verificar que ele já tinha começado a superar as dificuldades que tinha sido diagnosticado, fui buscar outros cursos e achei a Academia do Autismo e lá até perdi as contas de quantos cursos eu fiz. Ensino de Matemática, alfabetização, ABA na prática etc. Aí não parei mais. Apaixonei-me por essa ciência! Logo em seguida, comecei minha qualificação em Psicopedagogia. Tudo isso trabalhando das 6h às 22h, pois minha academia necessitava que eu estivesse lá desde a abertura até a hora do fechamento. E era na hora que eu chegava em casa que fazia os cursos e traçava os objetivos da semana.

A ciência ABA conseguiu, pela minha dedicação, esforço e amor, fazer com que eu começasse a realizar os sonhos que planejei para a vida dele quando ele nasceu, e que, ao saber das dificuldades que ele tinha, foi se perdendo e, hoje, não só estou realizando cada um deles, como planejando o que será daqui para a frente.

Por onde comecei

Minha vontade maior era poder conversar com meu neto. Então, decidi iniciar com a aplicação dos requisitos da fala, pois ele falava algumas palavrinhas soltas, mas sem função alguma. Tinha muita ecolalia. Mas era tão fofo, gente, aquilo. Não incomodava em nada! Mas sabia que era preciso dar função a elas. Decidimos tirá-lo da fonoaudiologia, já que não estava sendo prazeroso as idas dele por lá e os resultados estavam bem lentos, pois era somente 1h por sessão e 2 vezes por semana.

Para que o Be começasse a falar com função, ele precisaria, antes de falar, passar pela etapa de: imitação, contato visual, seguimentos de comandos etc. Segui todas as etapas e, pela primeira vez em pouco tempo, pude ouvi-lo me chamar de vovó. Que emoção, gente! Chorei tanto. Foi tão bom!

Hoje, tudo que ensino por meio da ABA já não uso nem preciso mais do reforço material. Já faz automaticamente por um simples elogio e por amar fazer as atividades comigo. E outra coisa que me ajudou bastante em tudo o que eu queria ensinar a ele foi o hiperfoco que ele tinha. Na época do ensino da fala, eu usava os trens para conversar com ele e dava supercerto! Eu falava a palavra como se fosse o trem que estivesse perguntando para ele e ele fazia o esforço para responder. Era uma festa só!

Desfralde

Quando iniciei o desfralde, ele estava com 3 anos e 2 meses. Decidimos que tinha chegado a hora da retirada da fralda, pois percebi que ele já estava preparado. Comecei o desfralde diurno, deixando-o sem a fralda, somente de shortinho. Iniciei a contagem do tempo que ele urinava no short e era a cada 20-30 min. Comecei, nesse período, levá-lo ao mictório. Sim. Comprei um mictório de sapinho para ele. Ele amou! E cada vez que ele conseguia fazer xixi, eu dava um reforço. Olha, foi tão rápido que nem com meus filhos típicos eu consegui essa proeza. Quatro dias! Quatro dias! Isso com o xixi e o cocô. Depois, fiz a retirada no período noturno.

Sei que para muitas mamães é bem mais difícil. Mas te digo, mamãe: não desista.

Retirada da chupeta

Todos nós sabemos da dificuldade da retirada da chupeta. Portanto, o mais indicado seria não dar ao nascer. Mas vamos lá pro pega pra capar que temos quando eles já vem do hospital com esse lindo acessório. Ah, eles ficam fofos, né?

Nessa etapa, usei o YouTube a meu favor, mas sempre tudo com base na ciência ABA. Apelei para a inteligência ímpar desse guri. Entrei lá e mostrei um vídeo do dentista mostrando os dentinhos dos pacientes dele que chuparam chupeta: todos tortinhos. E eis que apareceu uma menina com aparelho. Tiro certeiro, na hora ele me disse: "vovó, não quero ficar com boca de ferro!" Deus do céu, onde esse guri ouviu isso! Ele me chamou para a cozinha e jogou a chupeta no lixo. Expliquei para ele o quanto ele tinha sido corajoso e que merecia um prêmio. Dei um modelo de trenzinho que ele queria muito e, com isso, ele esqueceu a chupeta em menos de 2 semanas. Veja qual a melhor estratégia para seu pequeno também. O meu é bastante visual.

Comportamentos inadequados

Foi aí que o bicho pegou. Nesse quesito, eu me coloquei à prova. Olha, se o Be por algum motivo fosse frustrado, nascia literalmente o incrível Hulk. Era brinquedo voando, cabeçada na parede, mordida em quem viesse tentar ajudar etc. E você acha que ele aceitava ajuda? Jamais. Aí que a criaturinha acabava com o cenário todo a sua volta. Gente, era a pior hora do mundo! E, mais uma vez, foi a ciência ABA naturalista que ajudou meu pequeno a superar mais essa etapa.

Atividade física

Essa eu usei bastante e até hoje uso com ele e ele ama. Na época, eu era proprietária de uma das maiores franquias do Brasil. A Fórmula Academia, do grupo Bodytech, e com esse poder em mãos, fui beber diretamente da fonte de um dos maiores profissionais da área, Rodrigo Brivio. Ele tem um lindo trabalho na Bodytech da Barra da Tijuca, no Rio de Janeiro. A equipe dele me mostrou cada material e para que servia cada um deles e, na volta para casa, coloquei em prática com o Be e os resultados foram incríveis. Gratidão eterna por essa equipe ímpar!

Eu e o Be temos um lema: tentar até conseguir. E, a cada fracasso que ele tem, ele repete essa frase. Meus olhos enchem de lágrimas quando relembro cada etapa, cada frustração dele e cada nova tentativa. Poxa, mãezinha, se você pudesse ouvir o grito de socorro que seu filho dá, se você pudesse ouvir os pensamentos dele, com certeza ouviria: mamãe, não desista de mim, eu só tenho você, me ajude! Só você tem esse poder nas mãos, não se engane! Os terapeutas precisam de você. Eles ficam poucas horas com seu pequeno, então você que tem que aplicar tudo o que eles fazem na clínica para poder ter um resultado satisfatório. Uma dica para isso: volte a ser criança. Só assim você poderá ouvir os gritos que ecoam na cabecinha de seu filho. Sinta o prazer de estar ao seu lado, de compartilhar. Torne esse momento ímpar para os dois. Suba no sofá, pule na cama, corra pela casa, tire os móveis do lugar. Faça com que esse momento seja o mais prazeroso do dia para o seu filho. A ponto dele te procurar por gostar da sensação que tem ao estar brincando com você. Aí você vai perguntar: "como assim meu filho vai se desenvolver brincando?" Sim. Brincando, mas com função.

Então, por aqui deixo meu testemunho, minha gratidão a Deus, que me deu a oportunidade de poder me tornar uma pessoa melhor, ao meu filho Breno, por ter me dado a honra de ser vó, e ao meu esposo, pelo apoio incondicional e em tempo integral. Ao meu filho Paulo, por ter feito o site com todo carinho, e aos papais e mamães, já deixo meu muito obrigada por comprar o livro.

E para o Bernardo, eu quero deixar, por meio deste capítulo, registrado que tudo o que abandonei, todo o sacrifício que fiz e faço, cada noite em claro estudando, valeu a pena. Por você, Bernardo, eu movo o mundo. Você é a razão de hoje a vovozinha ter plena felicidade e ela é pautada em fazer você feliz, fazendo seus planos de ir à Disney e outros mais. E ver você com 5 anos superando cada obstáculo que aparece. Como vovó sempre te fala: "você pode ser o que você quiser!". E hoje eu posso te afirmar que cumpri e continuarei cumprindo a promessa que te fiz, de que não deixarei as pessoas zombarem de você por suas limitações e que, hoje, você superou todas. Te amo do tamanho de uma árvore (essa é a forma de você dizer o quanto ama a vovozinha). E eu te digo: "te amo com o amor do tamanho do universo".

Queria que você, mãezinha, soubesse dessa luta que travamos com os atrasos do Bernardo e te dizer que nada é definitivo na vida de seu filho. Se você, mãe, pai, vó ou cuidadora, decidir ir além do que os outros falam, conte comigo. Seu filho pode. Você pode. Até uma próxima oportunidade se Deus quiser. E aí, bora brincar?

8

MEU FILHO TEM AUTISMO. E AGORA?

Ao receber o diagnóstico de autismo, muitas famílias passam por um processo de mudança não apenas na rotina, mas também de atitudes e incertezas em relação ao futuro. Iniciar o processo de intervenção terapêutica é essencial para o desenvolvimento da autonomia e da qualidade de vida da pessoa com TEA.

ELOANE COUTINHO

Eloane Coutinho

Contato
eloane_coutinho@yahoo.com.br

Professora da Rede Pública do Estado do Amapá; graduada em Ciências Biológicas (Universidade Federal do Amapá); pós-graduanda em Psicopedagogia Clínica e Institucional.

O início de tudo

Nunca sonhei em ter um filho e minha gravidez não foi planejada. Mas, ao descobrir que estava grávida, senti que aquela criança mudaria a minha vida e a minha forma de ver o mundo. E foi exatamente o que aconteceu.

Nos primeiros meses de gravidez, eu já sentia que era um menino, já havia escolhido até o nome, João Pedro. Nos primeiros dias de vida, tivemos dificuldade com a amamentação, pois João vomitava muito toda vez que mamava, chegando a engasgar. A adaptação foi difícil e ele recusou o peito aos quatro meses, chorava bastante como se algo o estivesse incomodando. Nessa época, eu não fazia ideia do que era autismo e que tudo isso poderia ser causado por ele.

Até completar um ano de idade, João correspondia bem aos estímulos, era sorridente, batia palmas, jogava beijo, falava palavras simples como "papá", brincava com o telefone dizendo "alô". Mas com o tempo, isso foi ficando raro, ele parou de falar e parecia estar sempre com um olhar distante e, quando o chamávamos, parecia não ouvir. A cada dia, essas ausências de estímulos ficaram mais frequentes.

Eu sabia que algo diferente estava acontecendo, mas todos diziam que era coisa da minha cabeça, que cada criança tem seu tempo, mas isso não me tranquilizava.

Começamos a perceber que João não respondia quando chamado. Era como se ele não estivesse ouvindo. Marcamos, então, uma consulta com um otorrinolaringologista para avaliar sua audição. Foram realizados vários exames que confirmaram que ele não tinha perda auditiva. Essa informação só aumentou ainda mais nossas dúvidas e buscamos outros profissionais para entender qual o motivo de tantos atrasos no desenvolvimento de João.

Sugerimos ir a uma fonoaudióloga, mas o pediatra achou desnecessária tal avaliação e disse que João falaria no tempo dele. Levei-o por conta própria e, ao me queixar que ele não falava, não interagia, não olhava nos olhos, João olhou para a fonoaudióloga e começou a falar o alfabeto que estava exposto na parede do consultório e ela me disse: "seu filho está falando".

Fui para casa certa de que estava realmente exagerando e que deveria esperar o momento em que tudo mudaria e João conseguiria interagir. Porém, esse momento não chegou. Então, fui a outra fonoaudióloga.

No dia da consulta, eu estava muito ansiosa, queria respostas e esperava que, dessa vez, pudesse obtê-las. Nesse dia, João estava muito agitado, corria de um lado para o outro, balançava os bracinhos. Ela simplesmente olhou para mim e disse: "eu não trabalho com esse tipo de criança, vou lhe encaminhar para outra fono". Esse tipo de criança? O que significava isso? pensei. Saí do consultório desesperada me questionando o que meu filho tinha e o que ela quis dizer com aquela frase. Fiquei atordoada e com medo daquela insinuação. Resolvi marcar com a outra profissional que ela me indicou, quem sabe ela daria a resposta para todas as minhas dúvidas.

Lembro como se fosse hoje o dia em que conhecemos a fonoaudióloga Thayse Bezerra. Ela nos recebeu de forma tão acolhedora que todo o meu medo e minha angústia pareciam ter acabado. Conversamos por mais ou menos uma hora enquanto João brincava no tapetinho e ela o observava e ouvia todo o meu relato. Foi nesse exato momento que o termo autismo entrou em nossas vidas. Desse dia em diante, começávamos uma nova etapa que transformaria nossa rotina de forma intensa.

O diagnóstico e o tratamento

No mesmo dia em que conversamos sobre a possibilidade de autismo, Thayse nos deu um encaminhamento para marcarmos uma consulta com um neuropediatra, o que foi o ponto de partida para as avaliações necessárias e, a partir daí, fechar o diagnóstico. Só não imaginávamos o quanto esse processo seria difícil e cansativo, pois são muitos exames, avaliações e relatórios de terapeutas. João passou a fazer vários atendimentos com uma equipe multidisciplinar que o ajudaria a desenvolver todas as habilidades que ele ainda não alcançara.

Segundo Brites (2019), fonoaudiólogos, pediatras, neurologistas e outros profissionais deveriam conhecer mais sobre atraso de fala e, principalmente, exercitar a arte da empatia e se dedicar a entender o sofrimento do outro, norteando suas ações dentro e fora do consultório.

Foi exatamente isso que Thayse fez em nossas vidas. Com ela, eu aprendi a importância que uma rotina estruturada teria no cotidiano do João, como utilizar pistas visuais na execução de tarefas. Foi assim que as primeiras vitórias vieram, como aprender a usar o banheiro, trocar de roupa sozinho e escovar os dentes.

Isso foi um processo demorado. Às vezes, avançávamos muito e logo depois regredíamos e eram exatamente nesses momentos que o desespero tentava derrubar minhas forças e Thayse, de forma muito sensata, dizia: "precisamos viver um dia de cada vez". Esse se tornou meu mantra. Passei a comemorar e a valorizar cada avanço, cada frase nova, cada habilidade adquirida e, aos poucos, o que parecia impossível foi se tornando real e os ganhos tornaram-se cada vez maiores.

Apesar de todas as dificuldades com a linguagem, João era uma criança que apresentava interesses bem específicos: adorava assistir aos jornais e, mesmo sem conseguir falar direito, já sabia muito bem o que queria para o futuro - ser jornalista. Conforme fomos avançando no tratamento, esse sonho se tornou um aliado, pois começamos a usar o interesse por gravações, vinhetas e pelos telejornais como ferramentas no processo de intervenção.

Trabalhar por eixos de interesse como ponto de partida e valorizando o ponto ótimo do aprendiz com autismo é aproveitar ao máximo aquilo que ele se mostra capaz de fazer, é respeitá-lo em suas limitações e promovê-lo sempre a uma próxima etapa mais complexa (ORRÚ, 2016, p. 169).

Muitos poderiam dizer: "como ser um jornalista com tanta dificuldade na linguagem?". Infelizmente, as pessoas ainda veem o autismo como um fator limitador na vida. Mesmo com a facilidade no acesso à informação, veem o diagnóstico como uma sentença de incapacidade.

Eu, como mãe, sempre acreditei e alimentei o sonho do meu filho. Recusei a me prender a um estereótipo de incapacidade e sempre digo a ele: "ninguém pode dizer aonde você pode chegar, só precisa acreditar em si mesmo e batalhar muito".

Nem tudo foram flores. Ao longo dos anos, travamos batalhas duras, as comorbidades dificultavam muito a nossa rotina, João ficou muitas vezes internado devido à intolerância alimentar, sofria e ainda sofre com sensibilidade auditiva, com a rigidez cognitiva e tantas outras situações, mas conseguimos nos adaptar e seguir adiante.

Com o tempo e com o avanço no tratamento, as coisas encaixaram-se. Passei a estudar sobre autismo, pois precisava entender o que era esse espectro e de que maneira eu poderia ajudar João em casa. Aprendi muito sobre seletividade alimentar e que a previsibilidade seria minha eterna companheira; a partir daí, comecei a explicar tudo o que faríamos com antecedência, evitando as tão temidas crises.

Com muita pesquisa, encontrei produtos que poderiam nos ajudar com as questões sensoriais, como os mordedores, os abafadores. Escolhemos os dias mais calmos e com menos fluxo de pessoas para irmos ao shopping, ao cinema, ao parque, não podíamos esquecer que ele era uma criança e permitir a socialização era fundamental.

Mas havia algo que eu ainda precisava vencer – o medo de matricular João na escola.

A escolha da escola

Logo que iniciamos as intervenções com a equipe multidisciplinar, decidimos-sáque, naquele momento priorizaríamos os atendimentos e só matricularíamos João na escola quando ele conseguisse se comunicar de alguma forma. Foi exatamente o que aconteceu. Quando João estava prestes a completar quatro anos de idade, começamos a pesquisar escolas que pudessem de alguma forma atender nossas demandas. Nunca imaginei o quanto essa escolha seria difícil.

A Lei Brasileira de Inclusão (LBI) garante a crianças e adolescentes o direito à matrícula em escolas de ensino regular, ao atendimento educacional especializado e, quando necessário, garante também o direito a um profissional de apoio em sala de aula, mas a realidade das escolas é totalmente oposta.

Ao matricular João em uma escola regular, como já tínhamos o diagnóstico de autismo, fui encaminhada para conversar com a psicopedagoga Karen Melo, responsável pelo núcleo de atendimento especializado. Ao longo da conversa, ela me explicou o trabalho que desenvolveriam com o meu filho, e, naquele momento, eu não fazia ideia do quanto o trabalho dela faria diferença na vida dele.

Além da rotina de aulas diárias, João passou a ter atendimentos no contraturno duas vezes por semana, em que eram desenvolvidas atividades para reforçar habilidades que ele já possuía e estimular habilidades que estavam em atraso, as quais eram fundamentais ao processo de aprendizagem.

Um novo ciclo surgia em nossas vidas e, assim como no início do diagnóstico, fomos aprendendo a superar cada obstáculo. Mantive contato direto com Karen. Dentro da escola, ela era a pessoa a quem eu recorria sempre que observava algum comportamento que pudesse comprometer o desenvolvimento do João. Esse vínculo entre a escola e a família é fundamental para a elaboração de um planejamento que realmente atenda as demandas da criança.

Segundo Notbohm e Zysk (2020), o elemento mais importante ao qual os pais e todos os professores precisam atentar em relação aos aprendizes no espectro autista é o reconhecimento de que o sucesso das crianças depende da eficiência como os colaboradores e membros de uma equipe possibilitam a ela atingir todo o seu potencial.

Foi exatamente o trabalho e o olhar diferenciado desenvolvido pela equipe coordenada pela Karem que fizeram toda diferença no processo de aprendizagem do João.

Com os atendimentos e a observação dos professores, identificamos fatores que poderiam de alguma forma atrapalhar o processo de aprendizagem e, ao longo dos anos, fizemos adaptações tanto no material utilizado por ele quanto na elaboração e estruturação da rotina de estudos.

Hoje colhemos os frutos de todo esse trabalho. João aprendeu a dominar seu espaço, ganhou autonomia e é prova de que todos podem aprender e que devemos nos despir de todos os rótulos que cercam o diagnóstico de autismo.

É preciso cuidar de quem cuida

Muitos reagem de maneiras diferentes ao receber um possível diagnóstico de autismo. Enfrentei a situação de forma muito incisiva, eu precisava ajudar o meu filho a se desenvolver, a conquistar autonomia; negar o diagnóstico naquele momento significava enterrar todas as possibilidades de melhoria que João teria.

Mas existem sentimentos que estão fora do nosso controle e eu, que sempre fui tão forte e decidida, tive de enfrentar medos que jamais pensei que teria. Medo da exclusão, do preconceito, de não ter condições de arcar com as terapias, mas o que mais me torturava era o medo da morte. Esse sentimento vinha acompanhado de diversos questionamentos que ficavam pairando sobre a minha cabeça. E se eu faltar, quem vai cuidar do meu filho? Quem vai lutar por ele?

Vivíamos uma rotina muito corrida e cansativa, não podíamos renunciar ao nosso trabalho, pois precisávamos arcar com os custos das terapias e diversas outras demandas. Eu achava que deveria dar conta de tudo e me sentia culpada quando não conseguia.

Ao longo do tratamento, tivemos que lidar com muitas internações, alergias, seletividade alimentar e isso me deixava cada vez mais ansiosa. Era muito claro que eu não estava bem. Graças a Deus, não estava sozinha nessa luta, sempre tivemos o apoio da nossa família e foi justamente por intervenção da minha mãe que resolvi procurar um psiquiatra. Segundo ela, eu estava doente e, naquele momento, precisava de ajuda. O argumento dela foi muito forte: "como você vai cuidar do seu filho desse jeito? Você precisa de ajuda". Fomos à consulta e o resultado foi transtorno de ansiedade e princípio de depressão. Passei a fazer uso de medicações e aprendi a lidar com minhas inseguranças. Quem tem controle do futuro? A única coisa que eu poderia fazer era estar bem para ajudar João a se tornar cada vez mais independente. Entendi que eu nunca estive sozinha e que toda ajuda era importante, pois todos sempre tivemos o mesmo objetivo, ver João evoluir e realizar seus sonhos.

Ter João foi a maior realização da minha vida, minha maior conquista e o fato dele ter autismo não mudou em nada isso, pelo contrário, só aumentou ainda mais a admiração e o amor que sinto por ele desde o primeiro dia que o peguei no colo.

Referências

BRITES, L.; BRITES, C. *Mentes únicas*. São Paulo: Editora Gente, 2019.

NOTBOHM, E.; ZYSK, V. *Autismo e Asperger: 1001 grandes ideias para pais e profissionais*. Rio de Janeiro: Editora 14, 2020.

ORRÚ, S. E. *Aprendizes com autismo: aprendizagem por eixos de interesses em espaços não excludentes*. Rio de Janeiro: Vozes, 2016.

9

DESAFIOS E POSSIBILIDADES NA JORNADA DO JOVEM ADULTO COM TEA

Neste capítulo, tratará sobre a perspectiva do processo inclusivo de autistas no mercado de trabalho, habilidades do espectro e o que os pais e a sociedade podem colaborar para melhor aproveitamento das potencialidades dessas pessoas.

FABIANA COIMBRA NORONHA

Fabiana Coimbra Noronha

Contatos
www.inomind.org.br
fabianacoimbra@gmail.com
11 4112 7004

Psicóloga pela Universidade Paulista (2004), especialista em Avaliação e Reabilitação Neuropsicológica pelo IPQ- HC (FMUSP), mestranda em Distúrbios do Desenvolvimento pelo Mackenzie. Certificada pela PDA – Educadora Parental da Disciplina Positiva. Neuropsicóloga no Ambulatório de Cognição Social da UNIFESP – TEAMM.

O diagnóstico de Transtorno do Espectro Autista (TEA) tem aumentado nas últimas décadas e grande parte dos diagnósticos se concentram em crianças. Com aumento da divulgação na mídia sobre o tema, houve um aumento no diagnóstico de TEA na população adulta.

A rede de apoio e assistência, tanto privada como pública, segue crescendo devido ao aumento de pesquisas e tratamentos para TEA na infância, porém há poucos estudos a respeito de intervenções para TEA em adultos.

São comuns relatos de comorbidades como ansiedade e depressão na fase adulta, além da complexidade ao acesso aos serviços de diagnóstico, acompanhamento e falta de preparo vocacional.

Um dos aspectos importantes do tratamento para TEA na fase adulta consiste em desenvolver autonomia para auxiliar na inserção social e mercado de trabalho. É importante para o adolescente ter acesso a um treinamento vocacional, assim como a oportunidade de uma graduação para melhor direcionamento da vida profissional. Desenvolver a autonomia e independência da pessoa com TEA traz um alívio para seus familiares devido à cadência natural da vida. Seu entorno e rede de apoio familiar envelhecerá com a morte dos pais ou cuidador, e isso causará um impacto negativo na saúde mental e na capacidade de viver de forma independente do adulto com TEA por conta do apoio financeiro ou nas tarefas de vida diária.

Estudos mostram que adultos com TEA têm a capacidade e a vontade de trabalhar, porém ainda esbarram em vários problemas: um deles e o mais importante é o estigma de questões comportamentais, por exemplo, explosões, agressão e comportamento antissocial. Pesquisas internacionais mostram que os resultados são desanimadores na empregabilidade para este grupo. A maior parte desses adultos estão desempregados ou aqueles que têm um emprego remunerado, em sua maioria é subemprego, poucos encontram trabalho e, os que entram no mercado de trabalho, não possuem estabilidade.

O adulto com TEA, assim como a criança, apresenta prejuízos em comunicação social e comportamentos rígidos, o que justifica a necessidade de serviço para ampará-lo na aquisição de sucesso no emprego. Entretanto as dificuldades podem ser vistas como habilidades dependendo do contexto. Sabe-se que autistas apresentam, de forma geral, fascínio em determinado assunto ou interesse restrito (por exemplo: cálculo, programação, idiomas etc...) que, se direcionado de forma adequada, pode favorecer o engajamento e a excelência ao trabalho.

A população com TEA geralmente tem menor empregabilidade e, quando a tem, é com qualidade inferior a da população neurotípica. Déficits sociais e baixa autonomia podem influenciar no subemprego e desemprego desses adultos.

A capacidade de resolução de problemas e flexibilidade mental nas atividades de vida diária podem amenizar algumas das dificuldades encontradas para a inserção no mercado de trabalho. Fatores que contribuem para o subemprego e desemprego de pessoas com TEA incluem déficits sociais como dificuldade na compreensão de expressão facial e de tom de voz, de desempenho de tarefas de forma independente e comportamento desadaptativo, tomada de inciativa, interação social e planejamento de etapas para a conclusão de uma tarefa.

A literatura (CHEN, 2015) descreve a existência de programas para o desenvolvimento de habilidades profissionais, chamados de Vocational Rehabilitation Services dar serviços (Serviços de Reabilitação Vocacional). Desenvolvido nos Estados Unidos, este programa possibilita oportunidade de inclusão de pessoas com TEA no mercado de trabalho. Jovens em transição da adolescência para a fase adulta constituem a maior parte dos usuários do serviço de reabilitação vocacional entre a população atípica; 47% dos jovens conseguiram um emprego competitivo, ou seja, que não é subemprego, ao finalizar o processo.

Conforme as crianças crescem e chegam à adolescência e fase adulta fora do sistema escolar, encontram um desamparo na assistência de atendimento em saúde mental para autistas, pois os apoios e serviços acontecem em sua maioria durante os anos de idade escolar. A falta de auxílio para adultos com TEA é demasiada.

Pesquisas relatam que as escolas são encarregadas de preparar os alunos para a vida após a conclusão do ensino médio, mas o que se vê na realidade das pessoas com autismo é que geralmente não estão preparadas para a integração no mercado de trabalho. Um estudo que teve como objetivo a implementação de um programa baseado em habilidades na avaliação vocacional para pessoas com diagnóstico de TEA mostrou que a avaliação resultou em perfis de trabalho variados entre os participantes e que estes tiveram melhor desempenho ao concluir trabalhos de acordo com o resultado da avaliação. Além disso, os participantes optaram consistentemente em realizar trabalho que correspondia aos resultados do seu perfil. Dessa forma, o estudo mostrou que uma breve avaliação vocacional baseada em habilidades pode ser uma ferramenta viável para melhorar resultados de empregabilidade para jovens adultos com TEA.

Certamente não devemos deixar de lado a necessidade de trabalhar os déficits. Mas o foco no déficit não pode ser tão intenso a ponto de perder de vista os pontos fortes do autismo. É difícil até para alguns especialistas parar de pensar sobre o que está errado, em vez de o que poderia estar melhor, assim como é um desafio para as famílias que lidam com o autismo diariamente pensar de outro modo.

Percebe-se que a curiosidade em torno do TEA é sobre quais dificuldades e quais prejuízos essas pessoas possam ter no futuro. É compreensível que a angústia da família esteja pautada nas dificuldades que a criança venha encontrar na vida. Mas é importante também olhar por outro viés, como conhecer os interesses da criança, no que ela é boa, do que ela gosta, quais seus pontos fortes e suas expectativas. Às vezes, leva um tempo para os pais perceberem que, na verdade, seu filho tem um talento ou um interesse, mas é importante instigar essa reflexão. Estar no espectro não é o que o define, mas o seu talento e o seu trabalho. Claro, algumas pessoas não terão oportunidade por suas dificuldades serem graves demais para que consigam viver sem cuidados constantes, mesmo que se esforcem muito, mas os que conseguem podem ter vidas mais produtivas se conseguirmos identificar e cultivar seus pontos fortes.

A ideia da plasticidade do cérebro, de que nosso cérebro pode criar conexões ao longo de toda a vida, não só na infância, ainda é muito nova e, como muitas ideias novas sobre o cérebro, devemos seu conhecimento às neuroimagens.

Identificando os pontos fortes, é possível usar a plasticidade do cérebro a nosso favor. Para realmente preparar a criança e o jovem adulto para o curso da vida, é preciso fazer mais do que ajustar suas deficiências. É preciso encontrar formas de explorar os pontos fortes deles.

Nos Estados Unidos, no ano de 2015, cerca de 50 mil pessoas com diagnóstico de TEA completavam 18 anos. Nesta idade, é um pouco tarde para pensar na idade adulta. Os pais devem começar a pensar no que os filhos farão quando crescer e a prepará-los por volta dos 11 ou 12 anos. Não é preciso tomar uma decisão, mas os pais devem começar a considerar as possibilidades para terem tempo de preparar a criança.

É necessário que a criança tenha participação ativa no mundo desde cedo, pois não vai se interessar por coisas com as quais não tem contato. Cair numa rotina que nunca varia e que não traz experiências novas não possibilita o desenvolvimento e conhecimento de novas habilidades e descobertas dos seus pontos fortes.

O mundo está cheio de coisas fascinantes que podem alterar nossa vida, mas as crianças não irão adotá-las se não as conhecerem. Até mesmo os autistas mais graves precisam ver o mundo.

É importante tomar todos os cuidados de segurança com a criança, porém é essencial que ela saia de casa com o apoio dos cuidadores e se responsabilize por tarefas que foram atribuídas a ela. Porque é assim que o trabalho funciona no mundo real.

Por exemplo, levar o cachorro para passear, realizar tarefas domésticas compatíveis para sua idade ou o que a família veja que a criança é capaz de realizar e, assim, confiar e acreditar no seu potencial.

Basicamente, qualquer tarefa que ensine as crianças autistas sobre responsabilidade as ajudará a se prepararem para a idade adulta.

Entretanto, as habilidades para o trabalho são só parte do desafio. A pessoa com TEA também precisa de habilidades sociais. Essa aprendizagem também deve começar desde cedo. As habilidades sociais são necessárias para qualquer um entrar no mercado de trabalho. Contudo, os autistas precisam dominar habilidades sociais mais especializadas.

Outro ponto importante da transição para a fase adulta é que há um reconhecimento crescente de que algumas pessoas autistas se envolvem em «compensação", isto significa que mostram poucos sintomas comportamentais característicos do autismo. A compensação prevê copiar comportamentos e falas, criar roteiro de uma possível interação social. Essa estratégia é uma forma de minimizar a visibilidade dos traços presentes no transtorno do espectro autista. No entanto, muito pouco se sabe atualmente sobre a ampla gama dessas estratégias, seus mecanismos e consequências para a apresentação clínica e diagnóstico.

Pesquisadores relataram que as habilidades mais descritas pelas pessoas autistas são: hiperfoco, atenção para detalhes, boa memória e criatividade. Elas foram associadas com o autismo, trazendo vantagens dependentes do contexto. Tais características podem agir tanto como vantagem ou desvantagem dependendo do contexto e situação, desde que seja explorado corretamente. O hiperfoco pode ajudar a desenvolver novas habilidades e ainda se tornar a profissão da pessoa, além de ser um importante meio de elevar a autoestima. O hiperfoco em desenhos e filmes de animes , por exemplo, pode ser o ponto de partida para uma pessoa com autismo desenvolver sua habilidade de escrita e escrever um roteiro de filme.

Em contrapartida, o hiperfoco pode resultar no traço da inflexibilidade, que por vezes prejudica o desenvolvimento de novas habilidades. Todavia, a intervenção ideal não é a que tem como objetivo principal a redução dos sintomas de autismo, mas sim a que visa direcionar traços disfuncionais para comportamentos funcionais.

Dados indicam que pode ser difícil erradicar desafios preocupantes atribuíveis ao autismo sem, ao mesmo tempo, perder aspectos valiosos.

Figura 1: temática do mapa

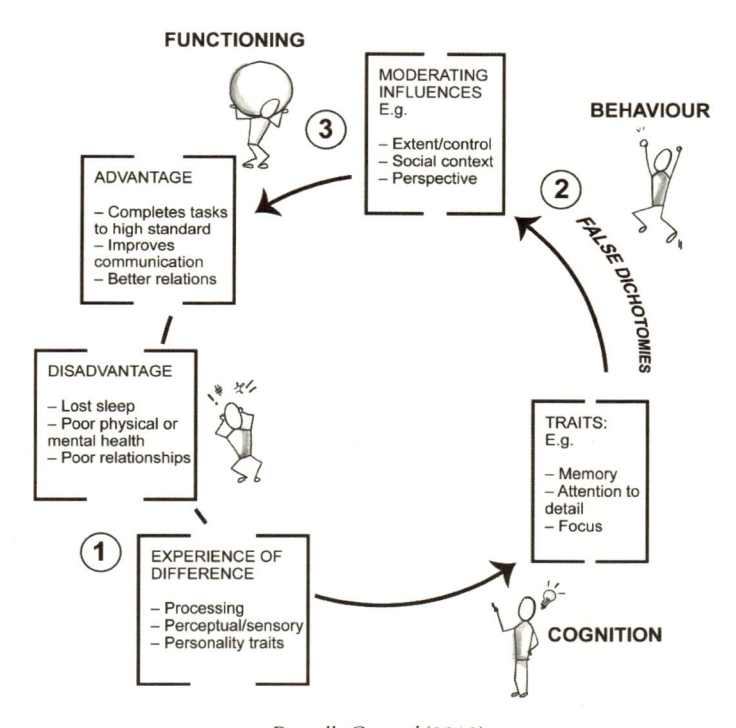

[Figura: diagrama cíclico com os elementos FUNCTIONING, BEHAVIOUR, COGNITION, com os nós ADVANTAGE (Completes tasks to high standard, Improves communication, Better relations), MODERATING INFLUENCES E.g. (Extent/control, Social context, Perspective), TRAITS E.g. (Memory, Attention to detail, Focus), EXPERIENCE OF DIFFERENCE (Processing, Perceptual/sensory, Personality traits), DISADVANTAGE (Lost sleep, Poor physical or mental health, Poor relationships), marcados pelos números 1, 2 (FALSE DICHOTOMIES) e 3.]

Russell, G. *et.al* (2019)

A Figura 1 ilustra como as estratégias de acomodação são caminhos promissores para gerar vantagens. A descoberta de que o contexto social modera vantagens, por exemplo, sugere que pessoas autistas podem fazer contribuições significativas para sociedade e florescer no ambiente social certo. Isso também sugere que, quando as características são superexpressas ou fora de controle, elas se tornam desvantajosas, então a inibição e o autocontrole podem ser estratégias úteis.

O conceito de "vantagem autista" pode ser útil se aplicado na promoção de uma autoidentidade positiva. De acordo com a pesquisa de Russell *et. al.* (2019), a identificação do autismo pode ter vários efeitos positivos. Além de ter acesso aos serviços, o autista pode se beneficiar por meio da redução da autocrítica e promover uma identidade. Isso pode acontecer quando o autismo realmente é considerado uma autoidentidade positiva.

O autismo é visto por muitos pais como um problema – uma narrativa de tragédia. Porém, pela a história de vida de cada um, experimentar o autismo como parte integrante de si mesmo é permitir que traços autistas podem causar-lhes problemas, mas também podem trazer benefícios. Trazer aspectos vantajosos do autismo em evidência pode ser útil para construir uma narrativa mais desestigmatizante do transtorno.

É possível constatar que há insuficiência de estudos brasileiros nesta área. Sugere-se que, em pesquisas futuras, os pesquisadores façam estudos de acompanhamento longitudinal de jovens e adultos com TEA e de formação de pessoas com TEA para a atividade no mercado de trabalho.

Referências

CHEN, J. L.; SUNG, C.; PI, S. Vocational Rehabilitation Service Patterns and Outcomes for Individuals with Autism of Different Ages. In: *Journal of Autism and Developmental Disorders*, *45*(9), 2015, pp. 3015–3029. Disponível em: <https://doi.org/10.1007/s10803-015-2465-y>. Acesso em: 31 maio de 2022.

GRANDIN, T. *O cérebro autista*. Tradução 14. ed. Cristina Cavalcanti. Rio de Janeiro: Record, 2021.

HENDRICKS, D. Employment and adults with autism spectrum disorders: Challenges and strategies for success. In: *Journal of Vocational Rehabilitation*, *32*(2), 2010, pp. 125–134. Disponível em: <https://doi.org/10.3233/JVR-2010-0502 >. Acesso em: 31 maio de 2022.

LIVINGSTON, L. A.; SHAH, P.; MILNER, V.; HAPPÉ, F. Quantifying compensatory strategies in adults with and without diagnosed autism. In: *Molecular Autism*, *11*(1), 2020, pp. 7–10. Disponível em: <https://doi.org/10.1186/s13229-019-0308-y>. Acesso em: 31 maio de 2022.

RUSSELL, G.; KAPP, S. K.; ELLIOTT, D.; ELPHICK, C.; GWERNAN-JONES, R.; OWENS, C. Mapping the Autistic Advantage from the Accounts of Adults Diagnosed with Autism: A Qualitative Study. In: *Autism in Adulthood*, *1*(2), 2019, pp. 124–133. Disponível em: <https://doi.org/10.1089/aut.2018.0035>. Acesso em: 31 maio de 2022.

10

A LINGUAGEM DENTRO DO TRANSTORNO DO ESPECTRO AUTISTA (TEA)

O desenvolvimento da linguagem no TEA é assíncrono aos seus pares e as principais dificuldades estão relacionadas à defasagem nas habilidades pré-linguísticas, na compreensão do ponto de vista do outro, em fazer inferência e na interpretação de narrativa para iniciar e manter a conversação. Neste capítulo, falaremos das principais características dos processos linguísticos de pessoas com autismo.

FERNANDA NEVES

Fernanda Neves

Contatos
fernandaneves2507@gmail.com
Instagram: @fono.fernandaneves
48 99947 7049

Mestranda em Transtorno do Espectro Autista e em Distúrbio da Linguagem e da Fala pela Universidade ISEP Barcelona, sua formação é em Fonoaudiologia pela Universidade Federal de Santa Catarina (UFSC), com prêmio de destaque do CRFa pela pesquisa "Os efeitos da bandagem elástica em bebês com Síndrome de Down e distúrbios da deglutição: estudo de caso". É especialista em Autismo pela UNILAS e especialista em Intervenção ABA para Autismo e Deficiência Intelectual pelo CBI Of Miami. Apaixonada pelo Desenvolvimento Infantil, possui certificação no método PROMPT- nível I, nível II; Curso em Estratégias de Ensino Naturalístico pela The Behavior; *Workshop* Introdutório Modelo Precoce de Denver (Mind Institute); Método DTTC- Pistas dinâmicas, temporal e tátil - Intervenção para Apraxia da Fala na Infância. Realiza supervisão e atendimento clínico destinado às crianças com atraso no neurodesenvolvimento, buscando sempre somar e dividir soluções de saúde que agreguem valor na vida das pessoas.

Desenvolvimento das habilidades linguísticas verbais e não verbais

A capacidade de se comunicar começa bem cedo com as habilidades pré-linguísticas (não verbais) e a criança com TEA pode demorar para desenvolver a linguagem justamente por apresentar defasagem nessas habilidades não verbais, que já podem ser observadas quando ela ainda é um bebê. São habilidades pré-linguísticas:

- **Contato visual:** presente desde muito cedo, o bebê no primeiro mês de vida já reage ao sorriso e a sons vocais emitidos pelo adulto, principalmente às vogais, mantendo seu olhar fixo durante essa interação. De 3 a 6 meses de vida, essa interação aumenta e o bebê passa a responder partilhando sorrisos, buscando pelo contato visual e reagindo com imitações vocais e movimentos manuais.
- **Imitação:** com 3 a 4 semanas de vida, já é possível observar o bebê imitando a protusão de língua e movimentos de abrir e fechar a boca. Essa imitação, segundo Piaget (1978), é denominada de imitação reflexa e diminui por volta de 8 a 12 semanas, quando se inicia a imitação esporádica com sons e movimentos corporais até a imitação representativa por volta dos 24 meses, com o aparecimento da função simbólica na brincadeira.
- **Gestos e movimentos corporais:** durante o primeiro ano de vida, esses esquemas sensório-motores se aprimoram e, por volta dos 12 meses, a criança começa a apontar para pedir ou mostrar algo ao outro como uma importante forma de expressão da linguagem.

Quando as primeiras palavras (habilidades verbais) surgem entre 10 e 13 meses, a linguagem não verbal já se desenvolveu e está estabelecida. As percepções visual e auditiva, atenção e memória, possibilitam a discriminação e a codificação de sons e de palavras.

- **Dos 12 aos 18 meses:** o desenvolvimento da habilidade verbal é lento e gradual, com aproximadamente 10 palavras novas por mês, acumulando um repertório verbal de 50 a 60 palavras nesse período.
- **Entre os 18 e 24 meses:** acontece uma explosão no vocabulário, em média 9 palavras novas por dia, acumulando um repertório verbal de 200 palavras.
- **Dos 24 aos 30 meses:** são mais de 500 palavras e a criança passa a diferenciar perguntas de não perguntas e, também, ajustar suas respostas, conseguindo manter a interação nas trocas verbais.

Para se comunicar com eficácia, temos que usar nossas habilidades linguísticas verbais e não verbais de maneira socialmente adequada. É comum crianças com TEA, por apresentarem dificuldades desde a aquisição das habilidades não verbais para aprimorar a linguagem oral, substituírem a linguagem por comportamentos inapropriados como choros, gritos e a agressão como forma de expressar suas vontades. Algumas podem usar o gesto para obter algo, mas não utilizam para manutenção de atenção compartilhada, por exemplo. As limitações de compreensão sobre como utilizar a linguagem para obter algo ou na interpretação de narrativas são as maiores dificuldades que as pessoas com TEA apresentam para iniciar e manter a conversação.

Comunicação social e interação social no TEA

Sendo o TEA um transtorno do neurodesenvolvimento presente desde o início da infância e caracterizado por um conjunto de déficits persistentes: na comunicação social, na interação social, nos padrões restritos e repetitivos de comportamento, interesse ou de atividades, como ocorre o desenvolvimento da linguagem nessa população? E a fala, ela virá com atraso ou a criança não irá falar?

As manifestações do TEA variam muito dependendo da gravidade, do nível de desenvolvimento e da idade cronológica. Para entendermos melhor os déficits persistentes na comunicação e na interação social, veremos, na tabela a seguir, como o DSM-V (Manual Diagnóstico e Estatístico de Transtornos Mentais, 5ª edição) dividiu esses déficits em três subtópicos.

Déficits persistentes na comunicação e na interação social em múltiplos contextos		
1. Déficits na reciprocidade socioemocional: - Dificuldade para estabelecer uma conversa normal; - Compartilhamento reduzido de interesses; - Compartilhamento reduzido de emoções ou afeto; - Dificuldade para iniciar ou responder a interações sociais.	**2. Déficits nos comportamentos comunicativos não verbais usados para interação social:** - Comunicação verbal e não verbal pouco integrada; - Anormalidade no contato visual e na linguagem corporal; - Déficits na compreensão e no uso de gestos; - Ausência total de expressões faciais e comunicação não verbal.	**3. Déficits para desenvolver, manter e compreender relacionamentos:** - Dificuldade em ajustar o comportamento para se adequar a contextos sociais diversos; - Dificuldade em compartilhar brincadeiras imaginativas ou em fazer amigos; - Ausência de interesse por pares.

Fonte: DSM-V

A dificuldade na comunicação verbal e não verbal, fundamental para ajustamento social e dinâmico, reflete uma correlação entre falhas de interação cognitiva, social e de linguagem. Conforme descrito na Tabela A, os déficits persistem em diferentes funções da linguagem no TEA, prejudicando a dinâmica relacional entre interlocutores devido à inabilidade para selecionar informações dentre as demandas, antecipar o que o ouvinte quer ou precisa ouvir, falhas na estrutura do discurso e em organizar mentalmente os estímulos, selecionar fatos, inferir e generalizar, a partir das experiências, o conhecimento adquirido e a habilidade de criar suposições.

Para explicar esses comportamentos, pesquisadores como a Frith (2008) apontaram percursores cognitivos como falhas primárias no desenvolvimento de pessoas com TEA, que poderiam explicar a inabilidade das funções comunicativas e de linguagem, em cinco teorias dispostas a seguir:

1. Teoria da mente: é a capacidade para compreender que as percepções e pensamentos das outras pessoas são diferentes das próprias. A ausência ou prejuízo dessa capacidade impede que o sujeito compreenda que sua mente e pensamento são separados e diferentes do pensamento e mente do outro.

2. **Coerência central:** é a capacidade de olharmos um conjunto de coisas e o nosso olhar/pensamento agrupá-las em um todo, privilegiando o contexto. Pessoas com TEA possuem dificuldade em integrar as partes em um todo.
3. **Sistema de navegação social:** sistema de navegação intuitivo para a aproximação social. É justamente esse sistema que está inábil no sujeito com autismo.
4. **Funções executivas:** processos cognitivos complexos, importantes na adaptação quando há mudança no ambiente. No TEA, existe uma dificuldade em fazer um discurso mental, de organizar diferentes dados, falar fluentemente, tomar decisões, planejar o futuro.
5. **Neurônio espelho:** emissão de ondas Mu quando estamos parados. Deixamos de emiti-las quando executamos ou o outro executa uma ação. Contudo, no TEA, o indivíduo permanece emitindo ondas Mu, ou seja, seu cérebro não produz as correntes elétricas mínimas, o que faz com que a imitação não ocorra em níveis mínimos.

Como podemos incentivar as habilidades linguísticas e a comunicação social no TEA?

Primeiro, temos que lembrar que o desenvolvimento da pessoa com TEA é assíncrono, ou seja, pode não ocorrer ao mesmo tempo que seus pares ou ao mesmo tempo que outras pessoas com autismo. Por esse motivo, a avaliação e o acompanhamento feitos por uma equipe interdisciplinar especializada em transtornos do neurodesenvolvimento é fundamental para o bom prognóstico e desenvolvimento das pessoas com TEA. A seguir, citarei algumas perguntas feitas pelas mães de crianças com autismo dentro do meu consultório e convido você, leitor que me acompanhou até aqui, a refletir sobre como podemos ajudar nessas situações com base no que discutimos até o momento.

"Por que meu filho tem dificuldade em contar o dia dele? É como se ele esquecesse ou mudasse de assunto por não saber como responder!"

Resposta: possivelmente pela dificuldade em selecionar e organizar as informações para fazer um discurso mental e em integrar as partes em um todo para recontar os fatos. Você pode ajudá-lo fragmentando os acontecimentos do dia. Se você quer saber como foi na escola, experimente perguntar por partes, por exemplo: ele chega na escola, tem aula de matemática, português, recreio, educação física e artes, são muitos acontecimentos para ele selecionar, organizar e integrar. Procure perguntar em etapas: "o que você aprendeu em matemática?", "qual foi o lanche que comeu no recreio?". Se a criança for pequena ou tiver dificuldade, o uso de imagens - do parquinho da escola, da sala de aula - ou até objetos concretos podem servir como gatilho para ele organizar sua resposta.

"É comum a criança com TEA parar o que está falando e falar algo aleatório, nada a ver com a conversa?"

Resposta: devido às falhas na narrativa, é muito comum isso acontecer em pessoas com autismo. São dificuldades em estruturar o discurso e em organizar mentalmente os estímulos dentre as demandas. Se a mudança de assunto for algo do hiperfoco, o que é bem comum, você pode sinalizá-lo que, no momento, o assunto é outro e propor momentos para que ele possa falar sobre o que é do seu interesse. Isso pode ajudá-lo bastante em saber que terá o seu momento para falar sobre o que gosta também.

"Por que meu filho de 6 anos fica tão nervoso ao ter que formar frases?"

Resposta: novamente pela dificuldade em estruturar, organizar o discurso e manter a narrativa. O baixo interesse em assumir esta troca dialógica é bem comum nas pessoas com TEA. Você pode ajudá-lo com uso de pistas visuais que trabalhem sequência, ou trazer isso para o brincar lúdico, por exemplo: brincar com dinossauro na lama e depois dar um banho nele; você pode fotografar e mostrar a ordem que ocorreu, trabalhando a estruturação frasal: "o dinossauro brincou, ficou sujo, tomou banho e agora está limpo". Se a frase for muito longa para ele, pode fragmentá-la em etapas: "o dinossauro brincou na lama".

"Como trabalhar o nervosismo que minha filha mostra na hora de falar para melhorar a comunicação?"

Resposta: dar a oportunidade da pessoa com TEA ter a previsibilidade no que você está querendo dela. Ajuda muito para que ela possa antecipar o que o ouvinte quer ou precisa ouvir. Não é sempre que isso vai acontecer, sabemos disso, mas, ainda assim, vale a pena utilizar desse recurso para melhorar a comunicação. Você pode ajudá-la com quadros com as rotinas preestabelecidas, contextos lúdicos também, por exemplo: a boneca come, escova o dente e vai dormir.

"Minha filha de 3 anos vai falar?"

Resposta: ainda não foi estabelecido uma relação funcional entre TEA e ausência de comunicação verbal que tenha sido cientificamente comprovada. A ciência ainda não sabe o porquê de algumas crianças com Autismo não chegarem a desenvolver a fala. As origens podem ser múltiplas e dependem de múltiplos fatores como o nível de gravidade, se tem perda auditiva associada, lesão neurológica, rebaixamento intelectual, alteração na articulação, execução ou planejamento motor da fala, assim como os comportamentos considerados barreiras para a aprendizagem da fala, como: ausência de linguagem não verbal, autoestimulação, ecolalias, estereotipias, reforçadores reduzidos, ausência de comportamento social, excesso ou falta de defesa sensorial são alguns exemplos que devem ser investigados. Mas você pode ajudar possibilitando outros meios para que sua filha expresse suas vontades, pois, para ela, também é muito frustrante não ser compreendida e, muitas vezes, os comportamentos inapropriados podem estar sendo utilizados como forma de comunicação. Você pode primeiro observar se ela tem as habilidades pré-linguísticas bem estabelecidas – contato visual, imitação, gestos – e ensiná-la como pode ser prazerosa essa interação, trazendo objetos do interesse dela e você começando a imitar as ações que ela faz com ele e, aos poucos, ir introduzindo variações nessa brincadeira.

Se a comunicação não verbal já está caminhando, mas a fala ainda não veio, o uso de Comunicação Alternativa como PECs ou língua de sinais com a terapia e com o tempo de intervenção adequados podem auxiliar também na fala da criança com TEA.

A atuação profissional tem como meta que o indivíduo consiga, por meio das atividades propostas, melhorar as interações sociais, a comunicação e o repertório de interesses e, consequentemente, melhorar as habilidades de linguagem. Ao finalizar este capítulo, espero ter auxiliado quanto às principais características dos processos linguísticos e de comunicação de pessoas com TEA, fomentando o interesse do leitor em aprender mais sobre esse universo singular chamando Autismo.

Referências

AMERICAN PSYCHIATRIC ASSOCIATION. *Manual diagnóstico e estatístico de transtornos mentais: DSM-5.* Tradução: Maria Inês Corrêa Nascimento, *et al.* Porto Alegre: Artmed, 2014.

FRITH, U. *Autism: A very short introduction.* Oxford: Oxford University Press, 2008.

GOYO, C. *ABA: ensino da fala para pessoas com autismo.* São Paulo: Edicon, 2018, pp.13-30.

PERISSINOTO, J. *Conhecimentos essenciais para atender bem as crianças com autismo.* São José dos Campos: Pulso, 2003.

11

CONTRIBUIÇÕES DA NEUROPSICOLOGIA AO AUTISMO
AVALIAÇÃO NEUROPSICOLÓGICA DAS FUNÇÕES EXECUTIVAS DO TRANTORNO DO ESPECTRO AUTISTA

A análise dos estudos apontou para uma tendência de disfunções executivas nos TEA, envolvendo os componentes da inibição, do planejamento, da flexibilidade mental, da fluência verbal e da memória de trabalho. O Transtorno do Espectro Autista (TEA) define-se por prejuízos persistentes na comunicação e na interação social, bem como nos comportamentos que podem incluir os interesses e os padrões de atividades, sintomas estes presentes desde a infância e que limitam ou prejudicam o funcionamento diário do indivíduo, necessitando de intervenção multidisciplinar apoiada em evidências científicas, tais como a avaliação neuropsicológica. Ela tem importante contribuição para identificar o autismo, pois a avaliação conta com instrumentos diagnósticos precisos para que as pessoas com TEA possam alcançar aprendizado acadêmico, bem-estar, interação e autonomia

GLEICIENE ROSÁRIO DOS REIS CRUZ

Gleiciene Rosário dos Reis Cruz

Contatos
linktr.ee/GleicieneRosarioPsi
71 98518 1570
71 99158 7412 (Whatsap)

Tecnóloga em RH – Psicóloga CRP 03/15252; especialista em Terapia Cognitivo-comportamental; Psicopedagoga Clínica e Institucional. Neuropsicóloga; pós-graduada em ABA Aplicada ao TEA; mestranda em Intervenção Psicológica do Desenvolvimento e Educação. Atua como supervisora em ABA aplicada ao autismo. Docente de cursos de pós-graduação e cursos. CEO do Espaço Interdisciplinar Permita-se Kids, especializado em ABA, e Espaço Permita-se Multidisciplinar. Coautora em autismo.

Avaliação neuropsicólogica e o Transtorno do Espectro Autista

A avaliação neuropsicológica tem como objetivo estudar as relações entre a atividade cerebral, cognição e o comportamento (LEZAK, HOWIESON & LORING, 2004). Esse tipo de avaliação se baseia na análise funcional dos processos cognitivos -linguagem, memória, percepção, visocontrução, funções executivas - e na compreensão multidimensional dos prejuízos cognitivos. Assim, compreende-se que as alterações cognitivas, comportamentais e emocionais variam de acordo com a natureza, extensão e localização da lesão cerebral, bem como são influenciadas pelas variáveis idade, gênero, condições físicas e contexto psicossocial de desenvolvimento (Lezak e colaboradores, 2004).

Os resultados de uma avaliação neuropsicológica servem de subsídio para o delineamento de estratégia de intervenção, como a reabilitação neuropsicológica. Esta tem por objetivo trabalhar com aspectos cognitivos, comportamentais e emocionais - prejudicados e preservados – associados aos quadros de lesões ou disfunções cerebrais, no intuito de melhorar a funcionalidade e a qualidade de vida dos indivíduos portadores de TEA (CZERMAINSKI,2012).

Segundo Czermainsk (2012), uma das grandes pesquisadoras de temas da avaliação e reabilitação das funções executivas no TEA, para realizar uma avaliação neuropsicológica, o avaliador pode se valer de testes e de tarefas objetivas, questionários e escalas, como também entrevista clínica. Familiares e pessoas próximas ao examinado podem servir de fontes de informação muito importantes quanto às dificuldades enfrentadas pelo paciente no dia a dia.

A neuropsicologia do TEA tem tomado força nas últimas décadas por evidências de prejuízos/déficits neuropsicológicos, e também por se tratar de uma ciência e abordagem que propõe uma investigação de prejuízos cognitivos e de competências do indivíduo – funções preservadas de acordo com autores como Bosa (2001); Happé e Frit (1996); Joseph (1999 *apud* Czermainski,

2012). A hipótese de comprometimento das funções executivas surgiu devido à constatação de semelhanças entre o comportamento de indivíduos com disfunção cortical pré-frontal e aqueles com TEA. Pesquisadores como Czermainski (2012), vem trazendo contribuições acerca das relações do constructo e o TEA.

A neuropsicologia é possibilitada a saber quais as áreas cerebrais são responsáveis pelos componentes executivos – habilidades cognitivas necessárias para o controle e regulação de pensamentos, emoções e comportamentos.

Segundo Cavaco (2015), como ciência, a neuropsicologia e relação com o transtorno do espectro autista, pelas evidências tanto nos prejuízos cognitivos às competências e funções preservadas no transtorno.

Conforme este autor:

> Para a construção e desenvolvimento das habilidades intelectuais, que são processos básicos, ou seja, para que elas surjam harmoniosamente, as baterias neuropsicológicas possibilitam uma avaliação tanto no que concerne ao desempenho cognitivo geral e global como também, no que diz respeito à determinação das funções específicas da atenção, da linguagem, da memória e das funções executivas. Estas funções podem ser avaliadas segundo o modelo luriano, havendo a explorar funções através de tarefas específicas ou avaliadas através de testes, escalas e baterias de avaliação neuropsicológicas estruturadas(CAVACO, 2015:25)

Em neuropsicologia, torna-se também fundamental a utilização de testes ou provas do tipo psicométrico, uma vez que estas nos permitem fazer uma análise quantitativa, de modo a posteriormente melhor controlar, monitorar e avaliar o processo de reabilitação (León-Carrión, 1995 *apud* Maia *et al.*, 2005).

O plano de avaliação deve ser pensando de forma individual e considerando as singulariades dos pacientes,os recursos disponíveis (testes e técnicas) e os resultados de outras avaliações. Alguns pacientes somente poderão ser avaliados com recursos como entrevistas, observações clínicas do paciente nos atendimentos ou observaçaões das brincadeitras. Em alguns casos, é inviável a utilização de alguns testes neuropsicológicos ou tarefas para avaliação. O uso de testes, escalas e técnicas dependerão de diversos fatores.Nos casos das pessoas com TEA, a colaboração nem sempre ocorre, seja pelas dificulades de linguaguem ou compreensão das instruções ou resistência.

Funções executivas e o Transtorno do Espectro Autista

Quando pesquisamos o termo "Funções Executivas" (FEs), este representa um conjunto de processos cognitivos que envolvem capacidades de planejamento, execução de atividades complexas e outros processos que permitem que o indivíduo organize e estruture seu ambiente (Foster, Black, Buck, & Bronskill, 1997), de acordo com um objetivo. A linguagem foi apontada como um componente relacionado a essas funções, primeiramente por Luria (1966) e, posteriormente, por Vygotsky (1998a, 1998b), e esta atuação é mantida em alguns modelos atuais de FEs (Baddeley, 2007; Fuster, 1997, 2004).

Discussão

Para Silva e Mulick (2009), a avaliação neuropsicológica auxilia na constatação e também serve para descartar a suspeita de TEA, diagnóstico diferencial. E, a partir da confirmação ou não do diagnóstico de autismo, os profissionais precisam determinar se algum encaminhamento ainda se faz necessário. Isso inclui encaminhamentos para diversos profissionais , ou seja, a avaliação é uma ferramenta importante para este diagnóstico, tendo em vista que um diagnóstico tão complexo como o do autismo ainda seja confirmado apenas a partir da observação.

A avaliação neuropsicológica faz uso de instrumentos padronizados e validados, que confirmam ou desconfirmam o diagnóstico com maior precisão e, desta forma, as indicações terapêuticas passam a ser mais assertivas no desenvolvimento de habilidades e reconhecimento das funções preservadas.

É importante salientar que, a partir dos resultados da avaliação neuropsicológica, todos que trabalham e convivem com a criança com TEA terão acesso e a família, escola, poderão compreender como se dá o funcionamento desse sujeito pela via neuropsicólogica. Conforme CZERMAINSKI(2012), os resultados de uma avaliação neuropsicológica servem de subsídio para o delineamento de estratégia de intervenção, como a reabilitação neuropsicológica. Esta tem por objetivo trabalhar com aspectos cognitivos, comportamentais e emocionais, no intuito de melhorar a funcionalidade e a qualidade de vida das pessoas com TEA.

Cavaco (2015) traz através da avaliação neuropsicológica pode-se perceber quais as funções e as disfunções desenvolvidas pelo indivíduo com autismo, permitindo uma intervenção e tratamento nos mais diversos contextos da criança. A escola, a partir da avaliação, poderá oferecer atendimento educacional especializado (AEE), no qual as atividades poderão ser planejadas e adaptadas conforme as necessidades da criança/aluno. Além disso, este profissional também será o facilitador do processo de inclusão deste indivíduo. A família aprenderá a estimular o comportamento do filho, que muitas vezes oscila, e também estará em busca de profissionais que possam estimulá-lo nas áreas as quais apresenta defasagens.

As funções executivas no autismo apresentam um déficit relevante, pois há um prejuízo na capacidade atencional, na motivação, na memória, no planejamento e execução de uma tarefa. Pela sintomatologia, o que se percebe é que autistas não coordenam a percepção recebida do meio e a coordenação de diferentes movimentos a partir de informações recebidas do sistema límbico, cerebelo e das regiões posteriores sensoriais. Sendo assim, os achados neuropsicológicos e neuropatológicos das estruturas corticais envolvidas através da neuroimagem auxiliam na explicação dos comportamentos típicos do autismo, apesar de não poderem ser considerados como marcadores biológicos próprios do autismo.

As evidências nos estudos demonstraram que a perseveração, a incapacidade de planejamento para atingir metas, a inflexibilidade cognitiva e a rigidez para mudança no foco de atenção estão presentes nos autistas. Assim, pode-se supor que os maneirismos e a estereotipia comportamental estão diretamente ligados a desinibição e impulsividade, pois o lobo cerebral pré-frontal parece não inibir os estímulos eferentes do sistema límbico. Do mesmo modo, a dificuldade nos relacionamentos interpessoais, a dificuldade ao brincar, a indiferença afetiva, as demonstrações inapropriadas de afeto poderiam ser explicadas pelo déficit funcional do lobo frontal.

No que diz respeito à abordagem neuropsicológica do TEA, destaca-se a hipótese de disfunção executiva, que defende que prejuízos no controle executivo poderiam estar relacionados a alguns dos comprometimentos cognitivos e comportamentais observados em indivíduos com TEA. Pessoas com essa condição apresentariam maiores dificuldades envolvendo inibição de respostas, planejamento, atenção e flexibilidade cognitiva (Bosa, 2001; Sanders, Johnson, Garavan, Gill e Gallagher, 2008).

Um estudo realizado em 2009 afirma que a disfunção executiva é um comprometimento característico de indivíduos com desordens do espectro autista. No entanto, se tais déficits estão relacionados ao autismo em si, ou se existe deficiência intelectual associada, ainda não está claro. Este estudo examinou as funções executivas em um grupo de crianças com autismo

(N =54, todos do QI> ou = 70) em relação a um grupo controle com desenvolvimento típico combinado individualmente com base na idade, sexo, QI e vocabulário. Deficiências significativas na inibição de respostas prepotentes (*Stroop, Junior Hayling Test*) e planejamento (*Tower of London*) foram relatados para as crianças com autismo (ROBINSON *et al.*, 2009).

Conclusão

O TEA caracteriza-se por um comprometimento em várias áreas do desenvolvimento. A partir do DSM-V (2014), passou a fazer parte dos Transtornos do Neurodesenvolvimento e, assim como outros transtornos do neurodesenvolvimento, tem início no período do desenvolvimento infantil, podendo ser percebido por meio de déficits no desenvolvimento, os quais trazem prejuízos no funcionamento físico, social, emocional e intelectual. E só pode ser diagnosticado por meio do laudo médico, em especial o neuropediatra ou psiquiatra infantil com contribuição da equipe multidiciplianar. As dificuldades no desenvolvimento vão desde limitações específicas de aprendizagem, do controle das funções executivas a prejuízos globais das habilidades sociais e inteligência.

A partir dos presupostos apresentados no artigo, pode-se concluir que a investigação sobre a hipótese da importância de se realizar avaliação neuropsicológica do constructo da função executiva como possibilidade de confirmação de déficit subjacente ao autismo é uma área promissora em pesquisas. Entretanto, muitas questões ainda permanecem com baixo volume de pesquisas para referenciação bibliográfica.

Vale ressaltar que a disfunção executiva já é considerada comprometimento característico no TEA.Com essa condição, parecem apresentar prejuízos envolvendo vários componentes das FE, havendo ainda a necessidade de se investigar a relação desses prejuízos com aqueles observados nos três domínios que compõem a tríade diagnóstica do TEA: interação social, comunicação e comportamentos, interesses e atividades restritos e repetitivos.

A neuropsicologia como uma ciência advinda das neurociências contribui de forma imprescindível à avaliação multidisciplinar para o diagnóstico do TEA e posterior criação de plano de reabilitação neuropsicológica e contribuição para a equipe multdiciplinar, instituições escolares e famílias de pessoas com TEA. Tendo em vista a relevância do tema para a neuropsicologia e para o TEA, considerando a dificuldade diagnóstica diferencial, sugere-se a necessecidade de continuidade de pesquisas ampliando este estudo a partir de pesquisas com neuropsicólogos a fim de contribuir para a inclusão real das pessaos com TEA.

Referências

ALMEIDA, A. *Avaliação neuropsicológica de crianças e adolescentes com autismo e outros transtornos invasivos do desenvolvimento*. Porto Alegre: Monografia (especialização em neuropsicologia), UFRGS, 2010.

AMERICAN PSYCHIATRY ASSOCIATION (APA). *Manual diagnóstico e estatístico de transtornos mentais-DSM-V*. Porto Alegre: Artmed, 2014.

AMERICAN PSYCHIATRY ASSOCIATION (APA). *Manual diagnóstico e estatístico de transtornos mentais-DSM-IV-TR*. Porto Alegre: Artmed, 2002

BOSA, C. A. As relações entre autismo, comportamento social e função executiva. In: *Psicologia: reflexão e crítica*, 2001.

BOSA, C. A.; SEMENSATO, M. R. A família de crianças com autismo: contribuições clínicas e empíricas. In: SCHMIDT; C. (org). *Autismo, educação e transdisciplinaridade*. 2. ed. Campinas: Papirus, 2013, pp. 2-50.

BOSA, C. Autismo: intervenções psicoeducacionais. In: *Revista brasileira de psiquiatria*, São Paulo, v. 28, 2006.

BORGES, J. L. *et al*. Avaliação neuropsicológica dos transtornos psicológicos na infância: um estudo de revisão. In: *Psico-USF (Impr.)*, Itatiba, v. 13, n. 1, Junho de 2008, pp. 125-133. Disponível em: <http://www.scielo.br/scielo.php?script=sci_arttext&pid=S1413-82712008000100015-&lng=en&nrm-iso>. Acesso em: 17 mar. de 2020.

BRASIL, Decreto-lei n. 12.764 de 27 de Dezembro de 2012. Dispõe de direitos para a pessoa com transtorno do espectro autista e estabelece diretrizes para sua consecução. Diário Oficial de Brasília. Rio de Janeiro, 28 de Dez. de 2012.

BRASIL. MINISTÉRIO DA SAÚDE, SECRETARIA DE ATENÇÃO À SAÚDE. *Diretrizes de Atenção à Reabilitação da Pessoa com Transtorno do Espectro do Autismo(TEA)*. Brasília, 2013.

CAVACO, N.A. Autismo: uma perspectiva neuropsicológica. In: *Rev. Omnia*, v. 3, 2015, pp. 21-31.

CZERMAINSKI, F. R. Avaliação neuropsicológica das funções executivas no Transtorno do Espectro do Autismo. Porto Alegre: dissertação de mestrado, UFRGS, 2012.

DUNCAN, J. Disorganization of behavior after frontal lobe damage. In: *Cognitive Neuropsychology*, v.3, 1986, pp.271-290.

GADIA, C. A.; TUCHMAN, R.; ROTTA, N. T. Autismo e doenças invasivas de desenvolvimento. In: *J. Pediatr.*, v.80, n.2, 2004, pp.83-94.

GADIA, C. *Aprendizagem e autismo: transtornos da aprendizagem: abordagem neuropsicológica e multidisciplinar*. Porto Alegre: Artmed, 2006.

GAZZANIGA, M. S.; IVRY, R. B.; MANGUN, G. R. *Neurociência cognitiva: a biologia da mente*. 2. ed. Porto Alegre: Artmed, 2006.

JUSTINO, M. N. *Pesquisa e recursos didáticos na formação e prática docente*. Cuiritiba: Ibpex, 2011.

LEZAK, M. D.; HOWIESON, D. B.; LORING, D. W. *Neuropsychological assessment*. (4th ed.). New York: Oxford University Press, 2004.

12

GRITOS DO APRENDER

Quando abraçamos o mundo da educação, deparamo-nos com inúmeras vertentes. Nesse sentido, temos que entender esses vários fatores e mergulhar nesse mar que a profissão de educador traz consigo, dominando o máximo de conhecimento das variadas temáticas envolvidas para melhor agir com elas. Desse modo, dentre as vertentes que aparecerão, teremos o mundo autista, um mundo cheio de cores, sons e imagens próprias, que deverão ser compreendidas pelo educador. Daí surge o tema "Gritos do aprender" e, em conjunto, um desafio duplo: dominar o conteúdo e ensiná-lo, ajudando outros na construção de seus conhecimentos. O autista nos traz um desenvolvimento fora dos padrões estabelecidos; a busca por compreender os porquês e ajudar nesse desenvolvimento é um trabalho realizado em parceria pelos educadores e pais, logo identificados a partir de desenvolvimentos distintos de outras crianças com a mesma idade até a identificação de atrasos no desenvolvimento.

KALIGINA ARAÚJO MACHADO

Kaligina Araújo Machado

Contatos
kaliginamachado@live.com
Instagram: kaligina_Machado
83 98672 7492

Experiências nas áreas de Educação e Saúde Pública, desde 1992, com ênfase em: coordenação, supervisão gestão escolar e ensino superior EAD. Mestre em Gestão e Cuidados da Saúde. Especialista em Análise do Comportamento Aplicada ao Transtorno do Espectro Autista e Atrasos no Desenvolvimento. Pós-graduação em Psiquiatria e Saúde Mental da Infância e Adolescência; pós-graduada em Neuropsicopedagogia Clínica, Clínica Institucional e Hospitalar; especialização em Psicopedagogia Clínica – Institucional; graduação em Pedagogia; pós-graduação em Atendente Terapêutica (Mediadora Escolar). Doutorado em Psicologia Experimental e Análise do Comportamento.

O Espectro Autista ou Transtornos do Espectro Autista (TEA) engloba alguns diagnósticos que variam conforme a área de menor ou maior prejuízo para o indivíduo: nas áreas da interação social, comunicação e comportamental – comportamentos restritivos, estereotipias e repetitivos.

Em linhas gerais, pode-se afirmar que o autismo é um transtorno do neurodesenvolvimento com impactos importantes no desenvolvimento do indivíduo. Isso pode gerar dificuldades na comunicação, interação social e aprendizagem. Desse modo, o autismo, em alguns casos, pode ser vinculado ao fator do comprometimento cognitivo, mas que com toda a base terapêutica a ampliação dos critérios diagnósticos é diminuir, em linhas gerais encontram-se diversas pesquisas mostrado que as crianças com autismo respondem muito bem à intervenção precoce.

São inúmeros os sinais que levam à indicação da criança autista, não é delimitado por um fato a característica da presença do espectro, assim não é um quadro sintomático. Desse modo, o tipo de intervenção realizado para um não será eficaz no desenvolvimento do outro. Em linhas gerais, pode-se afirmar que não existe a intervenção que funcione para todos. As terapias são essenciais e, em alguns casos, é necessário o uso de medicação, a qual é utilizada para tratamento dos sintomas periféricos que podem estar associados com o quadro (insônia, hiperatividade, agressividade). Até então, não existe medicação para o tratamento dos sintomas centrais do quadro e na qualidade de vida da criança e de sua família.

Algumas crianças diagnosticadas como autistas não desenvolvem a fala como forma de comunicação. Não se pode basear a forma da criança típica de se comunicar, que é muito ampla e engloba tanto a linguagem direta verbal como as formas mais sutis da linguagem não verbal, com as bases de comunicação da criança autista, pois esta tem frequentemente um prejuízo na comunicação.

Ao adentrar no rol da aprendizagem da criança autista, observa-se que pode ser muito diferente entre uma criança e outra. Nota-se que uma se isola, outra tem ausência total ou parcial de linguagem verbal, agitação psicomotora, comportamentos ritualísticos, estereotipas e prejuízo no contato social. Mas também existem outras que interagem bem e são capazes de conversar por muito tempo sobre determinados temas, têm vasto vocabulário. Estas normalmente acompanham o conteúdo em sala de aula e tiram boas notas, mas socialmente podem se comportar de modo inadequado, pois não fazem amizades por um longo período ou parecem não se importar muito com a opinião e o desejo dos outros colegas ou professores. Entre esses dois extremos, existe uma infinidade de combinações de manifestações clínicas que determinarão o jeito de ser de algumas delas, que necessitarão de compreensão e podem aprender melhores maneiras para expressar as suas necessidades e conviver no ambiente escolar.

As crianças autistas podem ter dificuldade em se comunicar, em direcionar o que precisam. Por esse motivo, como forma de comunicação, gritam ou pegam o que querem. Trazer para esta criança formas alternativas de comunicação, mesmo que não seja a fala, terá imensos ganhos no sentido de substituir esses comportamentos. Para a criança autista que tem a habilidade de comunicação comprometida para interpretar certos gestos, expressões faciais e muitas vezes até sentimentos, o mundo social pode parecer desconcertante e restritivo. O autista tem uma visão diferenciada na forma de enxergar a perspectiva de outra pessoa.

De forma geral, o autista pode ter uma sensibilidade muito diferente das pessoas com desenvolvimento típico com relação aos estímulos sonoros, olfativos, gustativos, visuais e ao tato. Desse modo, faz-se necessário profissionais qualificados e, devido à carência de qualificação profissional para o diagnóstico e atendimento à criança autista, a escola muitas vezes pena para conseguir receber este aluno.

A escola recebe uma criança com dificuldades em se relacionar, seguir regras sociais e se adaptar ao novo ambiente. Esse comportamento é logo confundido com falta de educação e limite. E por falta de conhecimento, alguns profissionais da educação não sabem reconhecer e identificar as características de um autista, principalmente os de alto funcionamento, com grau baixo de comprometimento. Os profissionais da educação não são preparados para lidar com crianças autistas e a escassez de bibliografias apropriadas dificulta o acesso à informação na área (SANTOS, 2008, p. 9).

Para Santos (2008), a escola tem papel importante na investigação diagnóstica e no seu desenvolvimento, uma vez que é o primeiro lugar de interação social da criança separada de seus familiares, é onde a criança vai ter maior dificuldade para se adaptar às regras sociais, o que é muito difícil para um autista.

O nível de desenvolvimento da aprendizagem do autista geralmente é lento e gradativo, portanto caberá ao professor adequar o seu sistema de comunicação a cada aluno (SANTOS, 2008, p. 30).

É um compromisso do educador adaptar, preparar e integrar o aluno autista aos demais alunos para a melhor inclusão do autista no contexto escolar. Desse modo, de acordo com Santos (2008), "é de responsabilidade do professor a atenção especial e a sensibilização dos alunos e dos envolvidos para saberem quem são e como se comportam esses alunos autistas" (SANTOS, 2008, p. 30).

Para que o autista se sinta acolhido, é de extrema necessidade que o educador se ampare de compreensão e paciência para lidar com o aluno autista para que este tenha mecanismos de aprender, pois pode apresentar um olhar distante e não atender ao chamado e até mesmo demorar muito para aprender determinados ensinamentos, mas isso não é algo gerado por conta de a criança ser desinteressada, o autismo compromete e retarda o processo de aprendizagem.

É importante a continuidade do ensino para uma criança autista, para que se torne menos dependente, mesmo que isto envolva várias tentativas, e ela não consiga aprender. É preciso atender prontamente toda vez que a criança autista solicitar e tentar o diálogo, a interação. Quando ocorrer de chamar uma criança autista e ela não atender, é necessário ir até ela, pegar sua mão e levá-la para fazer o que foi solicitado. Toda vez que a criança conseguir realizar uma tarefa, ou falar uma palavra, ou enfim, mostrar progresso, é prudente reforçar com elogios. Quando se deseja que a criança olhe para o professor, segura-se delicadamente o rosto dela, direcionando-o para o rosto do professor. Pode-se falar com a criança, mesmo que seu olhar esteja distante, tendo como meta o desenvolvimento de uma relação baseada em controle, segurança, confiança e amor (SANTOS, 2008, pp. 31 e 32).

Quando falamos da aprendizagem escolar, devemos dar a devida importância a essa etapa essencial para a criança autista. Essa é uma das etapas que pode integrar o processo de desenvolvimento dela. Por meio do acesso ao ambiente de ensino, é esperado que a pessoa no espectro possa aperfeiçoar sua capacidade de integração social, ampliar sua percepção de mundo, além de ter acesso ao conhecimento por meio das aulas regulares do ensino. A escola é uma das ferramentas que podem possibilitar ao autista se preparar para a vida com mais independência. Assim sendo, o intuito principal dos que têm o espectro ou dos seus responsáveis é que a educação inclusiva seja experimentada na prática e, com isso, haja a inclusão do aluno com TEA tanto no que cabe a assimilar o conteúdo que lhe é apresentado quanto no que diz respeito à perspectiva de se socializar com os outros alunos, e que esses autistas não encontrem preconceito e exclusão, conseguindo desenvolver, assim, seu convívio e suas habilidades.

A criança autista traz consigo formas diferenciadas de agir, apresenta diferenças no que cabe a sua capacidade de interação social e muitas vezes tem dificuldade em estabelecer relacionamentos. Essa problemática de interação e comunicação social não deve ser vista como falta de interesse ou de vontade, mas como um fator a ser desenvolvido com suporte pedagógico.

A inclusão da criança autista na escola requer atenção não apenas dos professores, psicopedagogos e demais membros da escola, mas também da família e do grupo de profissionais que a acompanham o autista. Juntos, poderão encontrar as formas que possibilitarão ajudá-la a alcançar desenvolvimento cognitivo e interpessoal no ambiente escolar.

O rendimento escolar dessa criança está totalmente vinculado aos recursos que os professores terão para despertar seu envolvimento com as atividades de ensino, e como estas atividades serão apresentadas para a criança. O educador precisa ter ciência de que o processo de aprendizagem com esta criança demandará tempo, paciência, amor, constância e recursos didáticos que prendam a atenção dela, haja vista que a falta de comunicação verbal e o déficit de atenção são fragilidades decorrentes do distúrbio.

É de extrema importância que a criança autista esteja integrada no meio ao qual foi lhe proposta a inserção, em tratando de sua "inclusão" não pode se limitar ao fato de inseri-la na sala de aula e colocá-la em todas as atividades propostas, mas sim o ambiente bem como as ações devem ser adaptados às necessidades individuais desta criança atípica. A forma de tratamento com o autista não deve ser generalizada, pois esta criança é um ser individualizado, nunca devemos comparar o desenvolvimento de um com o do outro. Por se tratar de um espectro, ele tende a se manifestar de forma diferente em cada indivíduo, a comunicação e o comportamento não são padronizados, embora algumas situações pareçam bem semelhantes e possam aparecer situações semelhantes. Existem autistas mais complexos que apresentam comportamentos agitados, com episódios de agressividade e, em alguns casos, até a automutilação; outros muito tranquilos, carinhosos e receptivos.

Em relato, uma mãe traz a seguinte afirmação: "Nossa! Seu filho não tem cara de autista". Esse tipo de comentário demonstra o maior desafio dos autistas, pais e familiares, o "preconceito reverso", o fato da criança não ter em suas características físicas sinais de aparência com o autismo, o que dá a impressão de não ser portadora de nenhum tipo de necessidade, gerando desconfiança nas pessoas que a cercam, taxando-as mimada e mal-educada (PÉTALA GODARELI).

O desenvolvimento intelectual cognitivo é variável, dependendo da capacidade e da percepção, dificuldade de compreender o professor e o meio escolar ou mesmo apresentar fragilidades, porém estas não limitam seu processo de aprendizagem.Essa condição é relativa, podendo ser temporal ou acompanhar a pessoa durante toda a sua vida.

O aluno com TEA não aprende sozinho como os outros alunos aprendem pela convivência ou pelas experiências. Ele precisa ser ensinado a desenvolver habilidades básicas, pré-requisitos para a aprendizagem, os chamados "comportamentos acadêmicos": esperar, ficar sentado, olhar para o outro, olhar para as tarefas, ter atenção compartilhada, atender ordens simples. Na escola, **não existe uma real preocupação com o** ensino de habilidades/comportamentos, pois são adquiridos naturalmente pelos alunos **típicos. As crianças com autismo levam um tempo maior para adquirir essas habilidades. Na escola, o ensino dessas habilidades de autocuidado se situa dentro de um período proposto. Caso o aluno não adquira essas habilidades nesse período, geralmente não farão mais parte dos objetivos propostos nos anos seguintes, cabendo somente à família continuar com o ensino dessas habilidades.**

Desse modo, o papel da escola é proporcionar, por meio da elaboração de estratégias, o desenvolvimento das capacidades de interação e integração dos alunos com autismo com as crianças sem deficiência no contexto escolar. Cabe ao professor repensar suas estratégias e atentar para as especificidades do desenvolvimento cognitivo do sujeito com TEA, além de trabalhar com as demais crianças a compreensão dos comportamentos singulares do ser humano e explicar as especificidades do TEA (LEMOS; SALOMAO; AGRIPINO-RAMOS, 2014).

O autismo funciona como uma cultura, sob a perspectiva de que ele produz padrões de comportamento característicos e previsíveis nas pessoas sob esta condição. O papel do professor de um aluno com autismo é semelhante ao intérprete transcultural: alguém que entende ambas as culturas e é capaz de traduzir as expectativas e procedimentos de um ambiente não artístico para o aluno com autismo. Dessa forma, para ensinar um aluno com autismo, devemos entender muito bem a sua cultura, os pontos fortes e os déficits associados (MESIBOV).

Em linhas gerais, apesar de o autismo apresentar um empecilho para o relacionamento social e para o processo de aprendizagem, é possível que o autista se torne uma pessoa que saiba conviver perfeitamente em sociedade e evoluir como qualquer outro que é "normal" ou muito mais quando se descobre sua potencialidade. Existem muitas pessoas de destaque na história que eram ou são autistas, tais como: Van Gogh, Bill Gates e muitos outros.

Referências

LEMOS, E. L. de M. D.; SALOMÃO, N. M. R.; AGRIPINO-RAMOS, C. S. Inclusão de crianças autistas: um estudo sobre interações sociais no contexto escolar. In: *Rev. bras. educ. espec.*, Marília, v. 20, n. 1, pp. 117-130, Mar. 2014. Disponível em: <http://www.scielo.br/scielo.php?script=sci_arttext&pid=S1413-65382014000100009&lng=en&nrm=iso>. Acesso em: 01 jun. de 2022.

MESIBOV, G.; SHEA, V. Full inclusion and students with autism. In: *Journal of Autism and Developmental Disorders*. v. 26, n. 3, 2005.

13

A ESTRUTURAÇÃO DA ROTINA PARA A CRIANÇA COM AUTISMO NO CONTEXTO DOMICILIAR

A composição deste capítulo busca trazer o planejamento de uma rotina com atividades básicas e estratégias para aumentar a participação da criança com autismo. O objetivo deste capítulo é vislumbrar uma rotina rica e estimulante à criança com autismo dentro de suas especificidades.

LÉIA DE ANDRADE TESSARINI

Léia de Andrade Tessarini

Contatos
ltessarini@hotmail.com
Instagram: @lepstess
16 98156 9608

Terapeuta ocupacional graduada pela UFSCar (2012), com aperfeiçoamento no setor de Terapia Ocupacional da AACD (2013), certificada no curso livre: Tratamento do Autismo, Protocolo Ouro pelo CBI of Miami (2019), especialista em Intervenção em Neuropediatria pela UFSCar (2020), certificada no curso livre de Capacitação em ABA e Estratégias Naturalistas do Instituto Singular (2021). Atualmente, atende crianças com autismo no Centro Especializado em Reabilitação, CER III, de Volta Redonda, e na Clínica Multisense.

E ste capítulo é dedicado ao meu irmão, Thiago, laudado dentro do espectro autista em sua infância, mas reconhecido hoje pelas suas potencialidades. Agradeço à sua participação neste capítulo com as ilustrações.

Dedico este capítulo também aos meus pacientes e seus famíliares: cada história trás consigo lutas e vitórias dignos de nota, me inspiram cotidianamente.

Nos lugares onde tive a oportunidade de trabalhar com atendimentos clínicos de terapia ocupacional para o público infantil, as intervenções duravam em média 30 minutos – e, na maioria dos lugares onde trabalhei, eram raras as vezes em que uma criança realizava mais do que um atendimento por semana – não é de se estranhar que estes minutos, uma partezinha tão pequena da semana da criança, não seriam capazes de provocar ganhos significativos nas habilidades trabalhadas se não fosse a forma como os cuidadores administrariam as demandas de desenvolvimento da criança no contexto no qual elas passam a maior parte do tempo: em suas casas. Partindo dessa realidade, dediquei-me a compreender sobre como as rotinas eram estruturadas. Aqui chamo de estruturação da rotina um duplo planejamento: sobre quais as atividades oferecidas ao longo do dia e sobre a forma como elas ocorrerão, ou seja, quais estratégias serão utilizadas para facilitar a participação da criança.

A criança com transtorno do espectro do autista (TEA) pode apresentar grandes dificuldades em participar de sua rotina, já que faz parte dos critérios deste Transtorno, segundo o Manual Diagnóstico e Estatístico de Transtornos Mentais 5ª edição, o interesse restrito nas atividades: "padrões restritos e repetitivos de comportamento, interesses ou atividades. (...) Interesses altamente limitados e fixos, no transtorno do espectro autista, tendem a ser anormais em intensidade ou foco (p. ex., criança pequena muito apegada a uma panela; criança preocupada com aspiradores de pó; adulto que gasta horas escrevendo tabelas com horário)". As facilidades de acesso às telas de celular e *tablet* também se relacionam com este assunto. Embora a rotina não apenas de crianças com TEA, mas da população como um todo esteja sendo afetada, nas crianças com TEA pode ser mais intensa em razão das dificuldades de interesses por outros objetos e brinquedos. Na clínica, observo que as crianças permanecem na recepção com um celular enquanto esperam sua vez e, na interrupção do uso, imediatamente ficam agitadas e, às vezes, agressivas.

Comer, rezar e brincar: atividades básicas para uma rotina saudável e o fator "novidade"

Para uma criança, o **brincar** é uma das atividades mais prazerosas do seu dia. Este importante papel ocupacional da criança vai proporcionar momentos de aprendizado neuropsicomotor, deve não apenas fazer parte do seu cotidiano, mas estar presente em vários momentos do dia. Eu gosto sempre de recomendar brincadeiras que requeiram da criança com TEA a permanência da postura sentada para a manipulação fina dos brinquedos; e brincadeiras nas quais ela possa se movimentar, envolvendo, assim, os movimentos amplos, ao ar livre, onde tenha a oportunidade de se relacionar com a natureza e com outras crianças. As **atividades de vida diária** (AVDs), ou atividades de autocuidado, merecem destaque, já que, além de inevitavelmente fazerem parte da rotina, ocupam grande parte do tempo. As principais AVDs estão inclusas dentro das categorias: higiene, vestuário, alimentação e o sono. Para uma rotina saudável, além das brincadeiras e AVDs, é necessário que sejam feitas as **atividades escolares** como forma de revisar e aumentar as chances de memorização dos conteúdos aprendidos com os professores. Por fim, acrescento aqui um momento na rotina que considero como uma espécie de santuário do tempo, trata-se do **diálogo em família**. Este momento é dedicado ao compartilhamento dos valores da família por meio de histórias, atividades religiosas e a revisão de como foi o dia. Materiais como livros, ilustrações, fotos ou vídeos poderão ser utilizados. Na revisão de como foi o dia, por exemplo, os vídeos poderão ressaltar quais foram os bons momentos de participação e comportamento e quais necessitam ser melhorados, sistemas de pontuação ou recompensa também poderão ser utilizados como incentivo. Dessa forma, a criança é incentivada a querer fazer melhor no próximo dia. Este também é um espaço de expressividade no qual são oportunizadas a reflexão e a comunicação sobre os sentimentos vivenciados ao longo das atividades da rotina.

Quem já assistiu ao filme ou leu o livro de Elizabeth Gilbert (2016), *Comer, rezar e amar*, sabe quão enriquecedor foi à personagem viver experiências envolvendo novas culturas, paisagens e pessoas. O elemento "**novidade**" permite à rotina não "cair na rotina", ou seja, não se tornar monótona e sem graça. A novidade aqui não se relaciona necessariamente com viagens longas ou brinquedos novos; brincadeiras novas podem ser feitas com um mesmo brinquedo ou com materiais e objetos disponíveis na casa; um almoço no jardim ou na garagem; possibilitar banho na banheira, de mangueira ou até mesmo no tanque de lavar roupas, como me contou uma mãe de uma paciente uma vez; mudar os móveis de lugar e adotar um visual diferente para a casa.

Tudo isso ajuda a enriquecer ainda mais a rotina das crianças com TEA, além de não as deixar fissuradas por uma mesma forma de se fazer as coisas. Possuir a flexibilidade para mudanças é importante: nem tudo é previsível.

Menina no tanque

Compreender para lidar: estratégias de antecipação

Se você adquiriu este livro pensando em conhecer mais sobre o universo do TEA, já deve ter buscado informações na internet, certo? E, sim, existe muito conteúdo bom por lá. Falando mais especificamente das mídias sociais, gostaria de indicar o canal "Diário de um Autista", de Marcos Petry (2016). Em um de seus vídeos, intitulado "10 coisas que autista gostaria que você soubesse", ele aborda a importância da referência visual como um auxiliador para compreender alguns comandos. As pessoas com TEA podem ser mais visuais e, por isso, associar figuras, fotos ou até vídeos para antecipar uma sequência de atividades que ocorrerão no dia (como um quadro de rotina) e/ou mostrar a sequência de etapas de uma atividade nova pode ser uma ótima ideia.

Outra forma de ajuda visual é proporcionar, diante da criança com TEA, ações motoras necessárias para a realização de uma atividade com o objetivo de que haja aprendizado por meio da imitação, por exemplo: o adulto mostra os movimentos

Antecipação no quadro de rotina

necessários para despir uma blusa, puxando as mangas pela porção próxima ao ombro e, depois, puxando a gola para fora da cabeça. Se a imitação estiver muito prejudicada, o cuidador e a criança poderão fazer juntos (mão sobre mão). Apesar da rotina apressada dos cuidadores (na maior parte das vezes são os pais), é possível que, nos momentos iniciais ou finais, o auxílio fornecido seja diminuído ou retirado, oportunizando à criança a elaboração de estratégia cognitiva e motora para completar a tarefa. Nesta mesma atividade de remover a blusa, o cuidador poderá iniciar auxiliando a criança a remover a manga de um dos braços e esperar que a criança faça o mesmo do outro lado com maior independência e, por fim, consiga remover a gola puxando toda a blusa para fora do corpo.

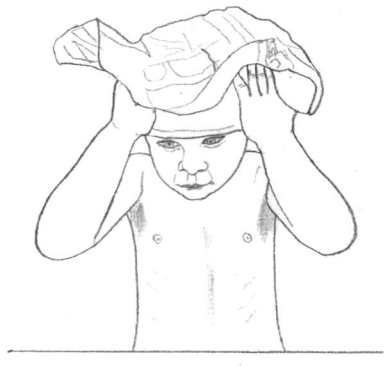

Menino removendo a blusa

Além das pistas visuais, que podem ajudar na execução da atividade, outros estímulos podem ser utilizados como facilitadores. É possível facilitar o gerenciamento do tempo nas atividades por meio de um temporizador de cozinha, ou o *timer* de cozinha. Desse modo, a criança com autismo poderá ter melhor compreensão sobre quantos minutos deverá permanecer em uma atividade que lhe seja mais difícil finalizar (como os jogos de videogame, por exemplo). Quando este recurso conta o tempo programado, um estímulo sonoro de "tic-tac" é proporcionado enquanto o tempo corre e, encerrado o tempo, o despertador toca e a criança é alertada sobre a finalização da atividade. Uma boa estratégia é colocar o temporizador para despertar faltando 10 ou 05 minutos para a sua finalização, possibilitando melhor tolerância do término – é a mesma lógica que utilizamos ao colocar o despertador para tocar mais cedo que o necessário e, assim, termos a sensação de ter ganhado mais algum tempo de sono e menor frustração de ter que encerrar esta atividade.

Procure um terapeuta ocupacional

Os atendimentos de terapia ocupacional buscarão traçar metas de intervenção embasadas em avaliações. O profissional, portanto, dirá o que é mais importante trabalhar ou estimular na criança, considerando o seu nível de desenvolvimento e participação nas atividades que pertencem ao seu papel ocupacional. O terapeuta ocupacional definirá quais serão as estratégias adotadas para atingir tais metas, segundo o referencial teórico de evidência científica utilizado. Dessa forma, a terapia ocupacional é fundamental na integração de uma equipe interdisciplinar de terapias, além de conseguir fornecer instruções específicas sobre como estimular a criança com autismo dentro de sua rotina.

Irmãos: Thiago (ilustrador deste capítulo) e Léia.

Referências

AMERICAN PSYCHIATRIC ASSOCIATION (APA). *Manual diagnóstico e estatístico de transtornos mentais* (DSM-5R). 5. ed. [2013]. Porto Alegre: Artmed, 2014, p. 948.

GILBERT, E. *Comer, rezar, amar: a busca de uma mulher por todas as coisas da vida na Itália, na Índia e na Indonésia*. São Paulo: Objetiva, 2016, p. 360.

PETRY, M. *10 coisas que autista gostaria que você soubesse*. In: Youtube, 2016. Disponível em: <https://www.youtube.com/watch?v=ySoNhvSXhNI>. Acesso em: 20 jul.de 2021.

14

OS SINAIS PRECOCES DO TRANSTORNO DO ESPECTRO AUTISTA

Sobre o Transtorno do Espectro Autista – TEA, conhecemos suas características, desenvolvimento, mas pouco sabemos sobre sua causa, embora seja um dos temas mais estudados na atualidade sobre transtornos do neurodesenvolvimento. O que temos certeza, porém, é sobre seu tratamento: deve ser intensivo e precoce para que haja um bom prognóstico e maior qualidade de vida tanto para o indivíduo com autismo como para sua família.

LUCIANA GARCIA DE LIMA

Luciana Garcia de Lima

Contatos
www.clinicassinapses.com.br
lucianaglima@yahoo.com.br
Facebook: clinicasinapses
Instagram: @clinicasinapses / @psico.luciana.garcia
11 4312 9343 / 11 94781 5040

Neuropsicóloga. Doutoranda em Neurologia (Departamento de Pediatria da Faculdade de Medicina da Universidade de São Paulo). Mestre em Semiótica, Tecnologias da Informação e Educação (Universidade Brás Cubas), bolsista CAPES. Psicopedagoga (Pontifícia Universidade Católica de São Paulo). Neuropsicologia e especialização em Reabilitação Neuropsicológica (HC-FM-USP). Especialista em Avaliação Psicológica (Instituto de Pós-Graduação - IPOG) e em Neurologia Clínica e Intensiva (HIA Einstein). Especialização em Análise do Comportamento Aplicada (Instituto Paradigma). Aprimoramento em Análise Aplicada do Comportamento – ABA (Grupo Gradual). *Registered Behavior Technician* – RBT (FIT – Flórida Institute of Technology). Formação profissional em Estimulação Precoce baseada no Modelo Denver (Instituto Farol). Diretora da Clínica Sinapses. Autora dos livros *A negação da infância* e *Autismo: práticas e intervenções* (organizadora); coautora do livro *Autismo: um olhar por inteiro*.

O Transtorno do Espectro do Autismo (TEA) é um transtorno do neurodesenvolvimento caracterizado, segundo o DSM – 5, por atrasos ou déficits persistentes na comunicação e interação social (ausência ou imitação fraca, contato visual pobre, comunicação não verbal pobre, dificuldades na atenção compartilhada, dificuldade em brincar em grupo), restrição ou repetição de comportamentos, interesses e atividades (estereotipias motoras, ecolalias, repetição de sons monótonos, comportamento rígido e metódico, interesses restritos). A presença de déficits motores é frequente (LARSON; MOSTOFSKY, 2008).

Os sintomas devem estar presentes desde o nascimento ou primeira infância (antes dos 3 anos de idade), ainda que demorem a ser detectados devido à mínima exposição social durante a infância precoce. Há ainda uma prevalência de 32% de autismo regressivo, segundo Lai *et al.* (2014). Esse quadro implica desenvolvimento típico até cerca dos 2 anos de idade quando ocorre a primeira poda neuronal.

Por se tratar de espectro, as manifestações clínicas podem ser bastante variáveis, sendo atualmente classificado em níveis: nível 1 – precisa de pouco apoio, nível 2 – precisa de apoio substancial e nível 3 – precisa de muito apoio. Existem crianças com sintomas fáceis de serem identificados, o que conhecemos como "autismo clássico". Outras crianças, porém, apresentam sintomas mais sutis, são os "oligosintomáticos" cujos sintomas parecem estar na penumbra, na faixa limítrofe entre o que é considerado autismo e o que é considerado desenvolvimento típico.

Importante salientar que, em grande parte dos casos, o TEA pode vir acompanhado de alguma comorbidade, sendo as mais comuns: Deficiência Intelectual (38%), Transtorno do Déficit de Atenção/Hiperatividade (30-80%), Transtorno Opositor Desafiante (10%), Ansiedade (70%), Epilepsia (30 a 40%), Transtornos de Sono (40 a 80%) e de Alimentação (70%). O diagnóstico anterior de TDAH, em autistas de alto funcionamento, pode atrasar em até 6 anos o diagnóstico de TEA.

Atualmente, a prevalência do autismo aumentou consideravelmente. De acordo com a última publicação do *Center of Desease Control and Prevention* (CDC), realizada em 2020, para cada 54 crianças nascidas nos Estados Unidos, uma é autista. O autismo está igualmente presente em todos os grupos sociais, raciais, étnicos ou econômicos. Ainda são atingidos mais meninos do que meninas numa proporção de 4:1, embora tenha-se discutido que as meninas podem estar sendo subdiagnosticadas devido às suas características de gênero.

De acordo com o CDC (2014), o TEA é genético (97%) e hereditário (81%). Em famílias com uma criança autista, existe de 2 a 18% de chances de nascer outra criança com autismo. No caso de gêmeos monozigóticos, se um deles apresenta autismo, há uma probabilidade de 36 a 95% de que o outro também apresente os sintomas. No caso de gêmeos dizigóticos, a probabilidade cai para 0 a 31%.

Atualmente, embora os estudos genéticos tenham avançado enormemente, o diagnóstico ainda é clínico, ou seja, realizado por meio de observações clínicas por multiprofissionais. Muitas vezes são aplicados testes específicos tanto com as crianças quanto com os cuidadores e realizadas observações no ambiente doméstico ou escolar a fim de obter um maior número de informações a respeito do desenvolvimento e do comportamento das crianças.

Em relação aos fatores de risco ambientais, de acordo com Lederman *et al* (2018), encontram-se: infecções maternas durante a gestação, uso de drogas (incluindo medicação como ácido valproico), prematuridade, baixo peso ao nascimento, idade materna ou paterna avançada, entre outros, o que pode corresponder de 1 a 3% dos casos. Porém, estudos definitivos ainda estão sendo conduzidos.

Para realizar o diagnóstico precoce, os especialistas precisam ter conhecimento dos marcos do desenvolvimento das crianças, pois é a partir dos atrasos ou alterações nesses marcos que a primeira hipótese é levantada e passa-se a uma investigação mais aprofundada. Pensando-se nos marcos do desenvolvimento, os que mais se relacionam com o quadro de TEA são aqueles relacionados à linguagem, comunicação e socialização.

Em relação ao desenvolvimento da linguagem, é esperado que com 12 meses, segundo Varella (2018), as crianças consigam compreender palavras familiares e sua vocalização fica mais complexa (mama – baba – papa). Entre 12 e 18 meses, o bebê já usa palavras de forma funcional (com significado) e tem um vocabulário de cerca de 10 palavras. Aos 2 anos, é esperado que tenham um repertório de aproximadamente 200 palavras e já estejam falando frases simples (com 2 ou 3 elementos).

Deve-se atentar para o fato de que atrasos e alterações na linguagem e na comunicação, embora comuns em quadros de TEA, não são suficientes para se dar o diagnóstico, visto que podem ocorrer em outros quadros também. Assim como nem todas as pessoas diagnosticadas com autismo apresentam quadros de alteração de linguagem.

No que tange às relações sociais, os bebês são sensíveis ao mundo e às relações com outras pessoas desde o início de suas vidas. Para se relacionar com outras pessoas, eles precisam estar sensíveis ao que elas pensam e sentem. Bebês já sentem o poder das emoções e intenções dos outros. Antes de falar, os bebês tentam fazer os adultos rirem, provocam, fazem graça. São as tentativas de se comunicar de forma emocional. A atenção compartilhada é parte fundamental dessa comunicação e já pode ser observada entre os 9 e os 12 meses de idade.

Atualmente, tem-se identificado sinais de TEA antes mesmo dos 2 anos de idade. Zwaigenbaum *et al.* (2013) apontam alguns sinais que podem ser identificados já no primeiro ano de vida dos bebês: olham e se orientam mais por brinquedos e objetos do que por pessoas, não atendem quando seu nome é chamado, sustentação de olhar muito fraca, poucos gestos comunicativos, como, por exemplo, o apontar. Crianças com TEA geralmente levam os adultos pelas mãos até o objeto que desejam ou levam a mão do adulto no objeto de modo a abrir ou fazê-lo funcionar. Existe ainda uma preferência por brincar sozinhas e reduzido interesse em outras crianças.

As características acima descritas, segundo o autor, são comuns a quadros de TEA e não são geralmente observadas em crianças típicas ou com outros quadros diagnósticos.

Cervantes *et al* (2016) apontaram para as características mais comuns em quadros de TEA de acordo com as principais áreas do desenvolvimento infantil: Comunicação (atrasos de fala, vocalizações mais repetitivas e estereotipadas, comunicação não verbal pobre, não atender ao chamado), Social (expressão de emoções alterada, pouco sorriso social, contato visual pobre, baixo comportamento de imitação, pouco interesse em outras crianças, baixa atenção compartilhada) e Comportamentos repetitivos (padrões atípicos de brincadeiras e manipulação de objetos, enfileiramento e classificação de objetos, estereotipias motoras).

A tabela a seguir procura apontar as "*red flags*", ou seja, indicadores precoces de autismo a fim de contribuir com o possível diagnóstico. Vale ressaltar que encontrar atrasos não significa fechar um diagnóstico, mas indica que é o momento de buscar ajuda profissional.

IDADE	DESENVOLVIMENTO TÍPICO	*"RED FLAGS"* PARA AUTISMO
0 a 6 meses	• viram a cabeça em direção ao som ou quando chamadas pelo nome; • seguem a direção do olhar da mãe quando ela olha para um alvo visível; • começam a desenvolver a atenção compartilhada; • respondem às demonstrações de afeto de outros; • respondem às emoções.	• não respondem às "pistas" sociais a não ser com muita repetição de estímulos; • demonstram respostas afetivas mínimas; • alteração no nível de atividade ou responsividade; • pouco contato ocular durante a amamentação; • hipotonia ou atraso motor.
7 a 12 meses	• demonstram atenção compartilhada; • demonstram referência social (procuram informações emocionais na face dos adultos quando em situações incertas); • comunicação vocal simples; • início de capacidades imitativas.	• maior incidência de posturas anormais; • necessitam de mais estímulos para responder ao nome; • hiperorais (colocam tudo na boca); • aversão ao toque social; • presta pouca atenção ao desconforto dos outros; • falta de sorriso social e expressão facial apropriada.
13 a 14 meses	• boa comunicação expressiva e receptiva; • início de faz de conta (jogo simbólico); • exibem atenção compartilhada.	• atenção compartilhada ausente ou muito limitada; • ausência de mando (apontar); • falta de empatia; • não demonstram jogo imitativo.
24 meses		• falta de respostas "dentro do contexto"; • ausência do apontar; • vocalização muito restrita; • ausência do brincar funcional ou variedade ao brincar; • ausência de repartir interesse ou prazer.

Como se trata de um espectro, os sinais e características podem variar bastante. A American Academy of Neurology e a Child Neurology Society, porém, indicam alguns aspectos que, quando observados, sugerem indicação absoluta de uma avaliação especializada mais detalhada imediatamente. São eles: ausência de balbucio aos 12 meses, ausência de gestos aos 12 meses (apontar, dar tchau), ausência das primeiras palavras aos 16 meses, ausência de combinação de duas palavras espontâneas (não ecolálicas) aos 24 meses e qualquer perda ou atraso de linguagem ou habilidades sociais em qualquer idade.

Para os casos de autismo, o recomendado pela Organização Mundial de Saúde (OMS) é de 15 a 40 horas semanais de intervenção com terapia comportamental (ABA – Análise do Comportamento Aplicada), que é a que tem maior eficácia comprovada por evidência científica. Muitas crianças, porém, não recebem nem 5 horas de intervenção adequada por semana.

O mais importante a ser lembrado é que, se existe uma desconfiança ou um pequeno atraso, ainda que não se tenha o diagnóstico, é necessário iniciar imediatamente a intervenção. Talvez aqui resida o grande problema, especialmente no Brasil: só buscam as intervenções adequadas aqueles que têm informação e acesso aos especialistas e, muitas vezes, quando isso acontece, já é tarde, essa criança e essa família já perderam muitas oportunidades e muita qualidade de vida.

É preciso e urgente reduzir as barreiras e melhorar o acesso ao diagnóstico e ao tratamento para todos. Uma das formas de se realizar esse diagnóstico precoce é aplicar escalas de rastreamento durante as visitas regulares aos pediatras que acompanham as crianças. Nos Estados Unidos, por exemplo, faz parte do protocolo médico pediátrico, segundo a American Pediatric Association, aplicar as escalas de rastreio para sintomas de TEA (M-CHAT e CARS) durante as visitas de 18 e 24 meses.

Dessa forma, uma suspeita diagnóstica pode ser imediatamente encaminhada e confirmada por especialistas de diversas áreas (psicólogos, neurologistas, neuropsicólogos, terapeutas ocupacionais, fonoaudiólogas, entre outros), iniciando a intervenção efetiva da criança.

Varella e Amaral (2018) salientam que identificar sinais de TEA precocemente não implica necessariamente fechar um diagnóstico. De qualquer forma, a intervenção precoce é que vai melhorar o quadro de desenvolvimento da criança e contribuir para o futuro prognóstico, independente da confirmação do quadro de TEA. Portanto, sinais precoces de atraso no desenvolvimento ou de TEA não podem ser ignorados. O diagnóstico fechado, portanto, não é pré-requisito para dar início à intervenção precoce. Se apresenta atraso ou alteração, deve-se dar início à intervenção intensiva, planejada e sistematizada para atingir os objetivos específicos.

Referências

AMERICAN PSYCHIATRIC ASSOCIATION. *Manual Diagnóstico e Estatístico de Doenças Mentais* – DSM 5. Washington: American Psychiatric Publishing, 2014.

ASSUMPÇÃO Jr, F.B., KUCZYNSKI, E. Autismo: conceito e diagnóstico. In: SELLA, A.C. e RIBEIRO, D.M. *Análise do Comportamento Aplicada ao Transtorno do Espectro do Autismo*. Curitiba: Appris, 2018.

CENTERS OF DESEASE CONTROL AND PREVENTION. Autism Spectrum Disorders (ASDs): *Data & Statistic*. 2018. Disponível em: <https://www.cdc.gov/spanish/mediosdecomunicacion/comunicados/p_prevalencia--autismo_042618.html>. Acesso em: 7 jan. de 2020.

CERVANTES, C.E., MATSON, J.L. e GOLDIN, L.R. Diagnosing ASD in very Early childhood. In: MATSON, J.L (Ed) *Handbook of Assessment and Diagnosis of Autism Spectrum Disorder*. Suíça: Springer, 2016, pp. 157-174.

LARSON, J.C.G.; MOSTOFSKY, S.H. Evidence that pattern of visuomotor sequence learning is altered in children with autism. In: *Autism Research*, 1, 2008 pp. 341-353.

LEDERMAN, V. R. G.; NEGRÃO, J. G.; SCHWARTZMAN, J. S. Sinais precoces associados aos transtornos do espectro do autismo. In: DIAS, N. M.; SEABRA, A. G. *Neuropsicologia com pré-escolares: avaliação e intervenção*. São Paulo: Pearson Clinical Brasil, 2018.

VARELLA, A. A. B.; AMARAL, R. N. Os sinais precoces do Transtorno do Espectro Autista. In: SELLA, A. C.; RIBEIRO, D. M. *Análise do comportamento aplicada ao Transtorno do Espectro do Autismo*. Curitiba: Appris, 2018.

ZWAIGENBAUM, L, BRYSON, S. e GARON, N. Early Identification Of Autism Spectrum Disorder. In: *Behavioral Brain Research*, 251, 2013, pp. 133-146.

15

AUTISMO
UMA MANEIRA DIFERENTE DE SER, SENTIR E VER O MUNDO

Neste capítulo, os pais, cuidadores e/ou responsáveis entenderão que o autismo é como o mar; alguns dias agitado e outros em calmaria. Porém, é preciso seguir navegando; um dia de cada vez.

MARIA PEREIRA DA ROCHA MARTINS

Maria Pereira da Rocha Martins

Contatos
marypereirarocha@homail.com
Instagram: @psicopedagogamaryrocha
Facebook: Mary Rocha Martins
18 99608 1002

Psicopedagoga clínica há 7 anos. Formada em Letras (2003) e Pedagogia (2006) pela Faculdade Ministro Tarso Dutra (Dracena-SP). Pós-graduada em Psicopedagogia Clínica e Institucional (2011) e Atendimento Educacional Especializado (2011) pelo Instituto Superior de Educação (Tupi Paulista-SP). Pós-graduanda em Análise do Comportamento Aplicada pelo Centro de Educação Superior (Presidente Prudente-SP). É apaixonada pela profissão.

Nem todo ser humano é autista. Mas todo autista é ser humano. Eles não precisam que vocês tenham pena; eles precisam que vocês os compreendam. Que acreditem em suas potencialidades. Que vocês os ajudem a se sentirem seguros neste mundo.
LUÍS PAULO LUPPA

A infância é permeada por uma série de características distintas, sendo marcada por transformações e fases gradativas no crescimento e desenvolvimento da criança.

É no desenvolvimento infantil que mais ocorrem mudanças e aquisição de habilidades, sendo também um momento de vulnerabilidade e suscetibilidade de surgimento de patologia, entre elas o TEA (Transtorno do Espectro Autista) que se manifesta bem cedo: entre 1 ano e 6 meses e 3 anos de vida, embora os sinais iniciais podem aparecer já nos primeiros meses de vida.

Mas, afinal, essa palavra te parece estranha ou é parte do seu dia a dia?

É provável que você já conheça a condição, ou que, pelo menos, já tenha ouvido falar nela. Muitas pessoas precisam lidar com transtorno durante a vida, por isso é muito importante que cada um de nós saiba como lidar com o autismo.

O TEA - Transtorno do Espectro Autista - foi descrito pela primeira vez pelo psiquiatra Leo Kanner, em 1943, em que foram estudados casos de pessoas que apresentam uma incapacidade de relacionar-se.

Hoje, o TEA – Transtorno do Espectro Autista –, é denominado no DSM 5 – Manual de Diagnóstico e Estatísticas dos Transtornos Mentais – como:

> Transtorno do espectro autista (TEA) é uma condição de saúde, caracterizada por déficit na comunicação social (socialização) e comunicação verbal e não verbal e comportamento (interesse restrito e movimentos repetitivos).

E, atualmente, o Transtorno do Espectro Autista faz parte de uma única classificação diagnóstica, tanto no DSM 5 - Manual Diagnóstico e Estatístico de Transtornos Mentais (código 299.0) – quanto na CID 11 – Classificação Estatística Internacional de Doenças e Problemas Relacionados à Saúde (código 6A02).

Todavia, a falta de informação e conhecimento acerca do transtorno tem se tornado uma problemática. Ao falar sobre o Transtorno do Espectro Autista, as pessoas geralmente tendem a enxergar o autista com alguns estereótipos; pensam que todo autista é um gênio ou que todo autista é agressivo. Quando, na verdade, são apenas pessoas comuns, com uma dificuldade na interação social e na comunicação.

Ainda que o autismo continue sendo um transtorno que desafia a saúde pública, nos últimos anos, percebem-se algumas evoluções em relação a esse transtorno; existem diversos meios que possibilitam a integração e a uma melhor qualidade de vida do autista na sociedade. Assim, ter conhecimento sobre como integrar a criança com o Transtorno é um dos pontos fundamentais para o empoderamento necessário ao enfrentamento dos sintomas mais preocupantes.

É importante que as pessoas saibam que quem nasce com o Transtorno do Espectro Autista (TEA), dependendo da gravidade do transtorno, é capaz de realizar todo tipo de tarefas na sociedade: **ter autonomia, estudar, trabalhar, ter relacionamentos pessoais, entrar no mercado de trabalho, entre outras coisas**, porém com peculiaridades no comportamento que podem parecer estranhas em um primeiro momento. Mas com **respeito, educação e conhecimento**, o mundo dos autistas pode se tornar mais confortável e **livre de preconceitos**.

É importante sempre lembrar que o autista não pode viver em uma bolha. Isso significa que toda forma de interação é bem-vinda, respeitando sempre suas condições. Procure identificar em que ponto ele desenvolve suas habilidades, além de entender com qual tipo de comunicação o autista tem mais afinidade. Se, por um lado, o autista pode ter algumas limitações, por outro, ele pode ser surpreendentemente brilhante.

Seja você alguém diretamente ligado a uma criança ou adulto autista ou não, é sempre bom saber como se comportar e interagir com eles. Aqui vão algumas dicas de Galeti (2020):

1. Tenha cuidado com toques e palavras

Tente entender como essas coisas atingem o autista, pois eles podem ser mais sensíveis ao toque do que as pessoas normalmente são. Ao explicar as coisas para um autista, **evite usar ironias, expressões de duplo sentido ou**

termos muito abstratos. Grande parte dos autistas entendem as coisas de forma muito direta e objetiva e **sinais não verbais** como "piscadinhas" ou gestos **podem não ser óbvios para eles**.

2. Aja com delicadeza

Os autistas podem se incomodar com barulhos, confusão e quebras na rotina. Tenha sempre uma postura que acalme em vez de agitar. Não visite a casa de uma família com um autista sem agendar antes e não desmarque nada em cima da hora.

3. Estimule a interação com outros adultos e crianças

Faça isso mantendo por perto algo que interesse à criança, mas sem entregá-lo totalmente, para que se veja na situação em que a única opção é se comunicar e pedir ajuda.

4. Ajude a criar novas formas de comunicação

Muitos autistas são altamente estimulados por coisas mais visuais. Pode ser que o ensino funcione melhor com desenhos, gestos, fotos, vídeos ou qualquer outro meio que chame mais atenção do que simplesmente falar.

5. Imponha limites

Essa dica é principalmente para os pais. As crianças com TEA terão dificuldade de entender regras e limites, mas, ainda assim, precisam entender desde cedo o que é permitido e o que não é nos ambientes onde ele circula.

6. Seja criativo

Afinal, se educar e entreter uma criança neurotípica (crianças que não estão no espectro do autismo) já é difícil, é preciso ser ainda mais criativo com um autista. Pense além do óbvio, pois essas crianças nunca vão entregar um resultado padrão. Pesquise novas brincadeiras e estimule o aprofundamento nos temas de interesse.

7. Deixe-os em contato com animais

Estudos recentes demonstram que crianças autistas ficam mais à vontade com animais de estimação. Vale qualquer bicho que a criança ou o adolescente goste, mas cães de pequeno e médio porte podem ser ainda mais eficazes. Se estivermos falando de um autista severo, esteja junto sempre que houver interação para evitar que uma crise de agressividade ou simplesmente o comprometimento cognitivo dessas pessoas prejudique o bem-estar do animalzinho.

E lembre-se sempre:

> *Não queremos mudar a forma como o autista vê o mundo. Queremos mudar a forma como o mundo vê os autistas.*

Referências

AMERICAN PSYCHIATRIC ASSOCIATION. Manual diagnóstico e estatístico de transtornos mentais [recurso eletrônico]: DSM-5 – tradução: NASCIMENTO, M. I. C., *et al.* 5. ed. Porto Alegre: Artmed, 2014.

GALETI, F. S. *Como lidar com o autismo? 7 comportamentos que podem ajudar*, 2020. Disponível em: <https://superafarma.com.br/como-lidar-com-o-autismo-7-comportamentos-que-podem-ajudar/>. Acesso em: 02 jun. de 2022.

KANNER, L. Autistic Disturbances of Affective Contact. In: *Nervous Child*, n.2, pp. 217-250.

16

AUTISMO
COMO SAÍ DO LUTO À LUTA

Passei por grandes desafios em minha vida até conhecer o autismo em 2010. Medo e insegurança fizeram parte do meu luto, mas consegui descobrir como eu poderia reagir e partir para a luta. Sou casada com Rogério e temos o diagnóstico de TDAH. Somos pais de Marina, com TDAH+DPAC (Transtorno de Déficit de Atenção e Hiperatividade + Distúrbio do Processamento Auditivo Central) e Mateus, com autismo. Juntos, somos a família neurodivergente; os diagnósticos não nos definem, apenas direcionam.

MARIANA ROCHA

Mariana Rocha

Contatos
familianeurodivergente@gmail.com
Instagram: @mari.rochaliborio
81 99977 2203

Administradora, pedagoga e psicóloga em formação. Especialista em Autismo, com formação em Distúrbios de Aprendizagem no TEA (Transtorno do Espectro Autista) e TDAH. A partir de sua vivência de mais de 10 anos de estudos nessas áreas e experiência com as dificuldades de seus dois filhos no ambiente escolar, desenvolveu uma metodologia na qual avalia a evolução da criança e do adolescente com TEA e TDAH nos aspectos pedagógicos e multidisciplinares. Realiza palestras, cursos e mentorias para pais e educadores, difundindo essa metodologia.

S abe quando você passa sua vida ouvindo a mesma frase de várias pessoas, em momentos diferentes, e ela fica ecoando em sua mente por muito tempo? Pois bem, sempre escutei que eu deveria escrever um livro sobre minha vida. Nunca descartei essa possibilidade, mas acreditava que o tempo certo chegaria. E, de repente, me deparo com essa oportunidade de escrever sobre como o Autismo entrou em nossas vidas no ano de 2010.

Permita-me voltar no tempo e me apresentar: meu nome é Mariana Rocha Souto Libório, nasci em Recife/PE. Quem me conhece sabe que sempre gostei de ajudar pessoas, dar conselhos e deixar um pouco de alegria por onde passo. Sou casada com Rogério Libório desde 1999 e nossa primeira filha, Marina, nasceu em outubro de 2004. Uma mocinha linda e saudável que, aos 2 anos e quatro meses, sofreu um acidente que mudou nossas vidas.

Era véspera de Carnaval, sexta-feira, 23/02/2007. Lembro-me como se fosse hoje: estávamos na casa de meus pais e, entre uma brincadeira e outra no corredor do apartamento, Marina estava em meu colo e tropecei, perdendo totalmente meu equilíbrio. Então, caímos e ela fraturou o fêmur. Na hora que chamei Rogério, ele paralisou quando viu que Marina chorava desesperadamente com a perna quebrada e, daqueles minutos de terror, só lembro do sentimento de culpa que invadiu meu coração.

Fomos à emergência de um grande hospital local e, horas depois, ela entrou no bloco cirúrgico sedada e saiu engessada logo abaixo do peito até o tornozelo, com apenas uma abertura para colocar fralda descartável. Naquele momento, eu sabia que estava iniciando o *primeiro grande desafio* de nossas vidas, pois Marina regrediu a fala, voltou a usar fralda e mamadeira, e hoje entendo que Deus tem um propósito para tudo e já estava me preparando para a chegada do nosso segundo filho, que tem diagnóstico de autismo, pois Marina começou a apresentar comportamentos repetitivos que nos deixaram alerta e iniciamos terapias lúdicas para ajudar a resgatar o desenvolvimento dela. Em junho, após três meses de tratamento, Marina retornou à escola e passou por um período sem querer se relacionar com as outras crianças por causa da dificuldade da fala e comunicação. A partir daí, ela iniciou sessões de psicoterapia individual e, com o passar dos anos, optamos pela fonoaudiologia e psicomotricidade relacional em grupo, ou seja, as terapias fizeram parte da minha vida desde 2006.

Em 8 de agosto de 2008, nasceu nosso filho, Mateus, que, aos 8 dias de vida, foi diagnosticado com uma cardiopatia congênita com repercussão pulmonar e um refluxo gastroesofágico importante; e assim iniciou nosso *segundo grande desafio* em busca do tratamento precoce. Mateus começou a tomar quatro remédios controlados e nebulizações por causa da asma e, quase todo mês, ele precisava tomar antibiótico por complicações pulmonares. Aos 9 meses de vida, iniciou um quadro de infecção generalizada por meio de uma otite, tendo que se submeter a antibióticos mais fortes no hospital. Na hora da aplicação, ele balançava o corpo para frente e para trás e emitia um som estranho, mas jamais associei a uma possível estereotipia do autismo.

Em seu aniversário de 1 ano, Mateus ainda não andava e não falava absolutamente nada, mas eu sempre escutava que cada criança tem o seu tempo e, em breve, ele estaria andando e falando e, de fato, Mateus andou com 1 ano e 3 meses, mas ainda não falava uma palavra sequer.

No início de maio de 2010, ele começou a apresentar comportamentos muito estranhos. Passava horas alinhando os brinquedos em uma fila, e, quando eu o chamava, não atendia. Ficava muitas vezes com o olhar distante deitado no chão e eu não conseguia entender o que estava acontecendo. Então, passei a observá-lo por horas, fiz uma lista de características dos comportamentos que ele vinha apresentando e pedi ajuda para minha irmã, que é médica. Em nossa conversa, ela falou que já desconfiava de um possível diagnóstico de Autismo. Isso foi em junho/2010 e, no mês seguinte, eu já estava no Rio de Janeiro levando Mateus para uma consulta com a neuropediatra. Saímos do consultório dela com o diagnóstico de Autismo Clássico não verbal. Confesso que foi bem difícil ouvir isso, mas ela nos encheu de esperanças quando disse que o cognitivo dele era bastante preservado e que tinha grandes chances de desenvolver-se se estimulado da forma correta.

Voltamos para Recife sem saber por onde começaríamos nosso *terceiro grande desafio*, já que tudo era muito novo e assustador, pois nunca tive contato com o universo do autismo, mas tinha a certeza no coração que Deus estava no controle de tudo e que nos conduziria para o tratamento correto. Então, consegui vaga com a neuropediatra de Recife em novembro de 2010, ou seja, teria que aguardar 4 meses para iniciar o tratamento de Mateus. Rapidamente, uma pergunta me veio à cabeça: como esperar tanto tempo se a neurologista do Rio me falou que cada minuto contava para estimular o desenvolvimento dele? Foi quando comecei a ler sobre Autismo. Comprava livros pela internet e devorava todo o conhecimento que podia, de autores confiáveis, para eu entender meu filho, afinal, eu precisava ajudá-lo.

Aos 2 anos, Mateus era uma criança muito comprometida, com um grave transtorno de modulação sensorial, uma seletividade alimentar severa e uma rigidez enorme no padrão comportamental com crises terríveis, além de não ser verbal, mas nada disso me fez desistir. Pedi direcionamento a Deus e ELE me mostrou que eu teria que encarar o autismo exatamente como o diagnóstico da cardiopatia. E, assim, passei a repetir para mim mesma: diagnóstico nenhum me define, apenas vai direcionar o tratamento.

Agora, preciso dar uma pausa na história para falar como foi que eu passei pelo luto do diagnóstico de autismo e consegui partir para a luta, enfrentando meus medos e frustrações. Primeiro, fui tomada por medo do desconhecido, por incertezas do futuro e por questionamentos internos para tentar entender o porquê daquilo tudo estar acontecendo. Era um misto de angústia e ansiedade. Em meus pensamentos, comecei a entender o propósito de todo o processo do acidente de Marina, que citei no início do capítulo: era Deus preparando-me para receber Mateus, já mais madura e forte. Meu luto durou menos tempo que o de Rogério, meu marido, mas logo superamos nossos medos e, juntos, decidimos que nosso filho precisava de nós, independentemente de seu diagnóstico da cardiopatia e de sua condição neurológica.

Entre as palavras luto e luta, costumo dizer que tem outra palavra que inicia o processo da luta: ACEITAÇÃO. Nove letras que definem se você vai conseguir vencer ou desistir da luta. O maior desafio do ser humano é ter que aprender a viver com os seus erros e aceitar o seu passado. A partir disso, a pessoa poderá encarar o futuro com nova perspectiva e aproveitar as oportunidades que virão. Assim, você viverá o presente sem lamentações e sem culpa. Esse é o primeiro passo para sair do fundo do poço e partir para a ação: aceitar que nosso Pai criador sabe o que é melhor para nós, sem blasfemar e seguir orando e pedindo força, sabedoria, paciência e persistência para não desistir, entregar e confiar na providência divina.

Então, foi em 2010 que comecei minha luta, buscando obter mais conhecimento fora do universo literário, participando de eventos e congressos presenciais voltados ao público do autismo em outros estados do país. Quando eram abertos aos pais, eu me inscrevia para poder me capacitar e aplicar os conhecimentos em meu filho, já que não havia muitos profissionais habilitados em Recife. Naquela época, falava-se muito pouco em autismo por aqui e eu sentia necessidade de entender como Mateus pensava, agia e reagia em relação ao nosso mundo.

Nos momentos em que o observava, comecei a identificar o que chamava sua atenção. Comprei alguns brinquedos com letras e números e, aos poucos, consegui captar os primeiros contatos visuais dele. Que emoção poder trazê-lo ao nosso mundo por alguns segundos! E isso me fez ver que eu estava no caminho certo e me motivava a aprender mais e mais sobre esse universo paralelo em que meu filho vivia.

Como Mateus tinha a cardiopatia congênita, não podia tomar medicação controlada para o comportamento por causa dos efeitos colaterais, então, investi meu tempo em conhecimento. Com esta decisão, fui muito criticada por várias pessoas que insistiam em me dizer que eu não era terapeuta, mas mãe de Mateus. Entretanto, meu coração dizia que estava no caminho certo, então continuei a estudar para ajudá-lo e, hoje, nos entendemos apenas no olhar. O curioso é que sempre senti que Deus me usava e me capacitava para ajudar e orientar pessoas fora do meu círculo social, e isso só me motivava a seguir com os meus estudos.

Em agosto de 2010, participei do 1º congresso de Autismo da Somar, que é um centro de tratamento de autismo em Recife. Dentre os palestrantes, a que mais me marcou foi uma psicomotricista relacional e educadora física que atuava na natação infantil. Logo depois, eu estava iniciando a atividade aquática com Mateus, duas vezes por semana. Começamos juntos na piscina, afinal, ele só se sentia seguro comigo e só respondia aos meus comandos. Aos poucos, ele foi se soltando e se sentindo seguro com as professoras também.

Continuando meus estudos, em outubro de 2010, uma especialista em Autismo e mestre em Desenvolvimento Infantil veio ministrar um curso aqui em Recife sobre o *DIR-Floortime* em uma imersão de três dias intensos de aprendizado, e me identifiquei bastante com a metodologia. Ao final da jornada, contratei sua consultoria on-line mensalmente, a fim de me passar orientações para que eu pudesse ajudar a modular o comportamento de Mateus pela acomodação sensorial, pois ela morava nos Estados Unidos. E como ele apresentava alto grau de desregulação sensorial que o impedia de evoluir em outras áreas do seu desenvolvimento, resolvi montar em casa um quarto com equipamentos de integração sensorial que o ajudaria no tratamento do Transtorno.

Cada pequena evolução no desenvolvimento de Mateus era uma grande conquista e motivo suficiente para me capacitar cada vez mais por meio de cursos, palestras, *workshops* e congressos nacionais específicos na área do autismo. Finalmente, em 2016, iniciei a primeira turma presencial de pós-graduação em Especialização em Transtorno do Espectro Autista (TEA) em Recife, em que ampliei meus conhecimentos no campo da saúde mental na medicina e da ciência de intervenção e análise comportamental ABA (*Applied Behavior Analysis*).

Nessa época, Mateus estava sendo acompanhado por uma equipe multidisciplinar e eu traçava meu próprio planejamento, em paralelo às terapeutas, com objetivos e metas a curto e médio prazo para que eu pudesse medir a evolução de seu desenvolvimento. Como minha primeira graduação foi em Administração, desenvolvi técnicas, usando teoria de planejamento, e fui utilizando em meu filho, ao longo de nossa jornada, respeitando a individualidade dele porque cada pessoa é única e toda família tem suas particularidades. Com o tempo, observei que esse método poderia dar certo para ajudar outras pessoas, pois estava mudando a qualidade de vida da minha família. Como minha segunda graduação foi em Pedagogia, atuei desde 2012 em parceria com a escola que Mateus estudava para adaptar a estrutura física e capacitar os educadores, pois sei o quanto ainda precisamos mudar a realidade da inclusão em nosso país. Assim, comecei a idealizar um projeto pessoal para ajudar e alcançar mais famílias, no qual eu pudesse capacitar os educadores e terapeutas escolares, compartilhando meu conhecimento e experiências com meu filho, inspirando e transformando vidas. Amo orientar e direcionar as pessoas com informações e experiências, pois esse tipo de conhecimento não achamos nos livros e sinto-me realizada executando a missão que Deus me confiou.

Gostaria de continuar contando minha história, mas terei que deixar para o meu livro autoral que está por vir. Tentei resumir aqui de 2006 a 2016 sem comprometer o curso da história, nem deu para entrar em detalhes do tratamento e evolução de Mateus. Além de que, em 2016, Marina foi diagnosticada com DPAC e TDAH. E ainda preciso compartilhar minhas experiências de vida, pois sei que poderei ajudar muitas pessoas com as mesmas dificuldades que eu tive e ainda tenho, já que cada fase tem seus desafios.

Estamos em 2022, e ainda tenho uma longa jornada para dividir com vocês, pois eu e Rogério fomos diagnosticados com TDAH, e Mateus já está com 13 anos, tem autismo leve, fala tudo, frequenta a escola regular, fez cirurgia para correção da cardiopatia, não tem mais seletividade alimentar, toma banho e faz suas necessidades no banheiro sozinho e fez Primeira Eucaristia. Então, com a certeza de que tudo acontece no tempo certo, te espero nos próximos capítulos da missão de vida da nossa família neurodivergente.

17

DESMITIFICANDO ABA – ANÁLISE DO COMPORTAMENTO APLICADA – NO PROCESSO DE ENSINO

Este capítulo apresenta a terapia ABA (Análise do Comportamento Aplicada), uma abordagem científica utilizada para a modificação de comportamentos que trazem prejuízo à pessoa, família e sociedade na qual a pessoa está inserida. Há vários tratamentos que podem ser utilizados no tratamento da pessoa com Transtorno do Espectro Autista. A terapia ABA, segundo estudos científicos, hoje é um dos métodos considerados mais eficazes para o tratamento da pessoa com Transtorno do Espectro Autista. Vamos explanar o que é a Análise do Comportamento Aplicada (ABA) e quais os desafios na terapia ABA para a pessoa que apresenta TEA. Apesar de muitos ainda não conseguirem compreender a sua dimensão, ela é de suma importância para o desenvolvimento da criança com transtorno.

MARINALVA FLORES VALENSUELA

Marinalva Flores Valensuela

Contatos
mfloresvalensuela@gmail.com
Instagram: @psicomarifloresvalensuela
@psimarinalvafloresvalensuela
67 99801 4546

Psicóloga clínica infantojuvenil e professora na Rede Municipal de Ensino na cidade de Dourados, Mato Grosso do Sul; graduada no curso Normal Superior pela UEMS (2009), Bacharela em Psicologia pela Faculdade Anhanguera (2021) e licenciada em Pedagogia pela UFGD (2021), com pós-graduação em Educação Especial: Atendimento Educacional Especializado pela UFMS (2016). É bacharela em Administração pela UFMS (2011), com pós-graduação em Gestão Pública pela UFGD (2014). Possui pós-graduação em Gestão de Políticas Públicas em Gênero e Raça pela UFMS (2014); pós-graduação em Educação Infantil e Séries Iniciais pela faculdade Dom Alberto. Possui pós-graduação em Psicologia Jurídica e Avaliação Psicológica (2021). Especialista em Análise do Comportamento Aplicada (ABA) (2021). Pós-graduação em Neuropsicologia (2022).

A análise do comportamento aplicada (ABA) é uma abordagem científica utilizada para a modificação de comportamentos que trazem prejuízo à pessoa, família e sociedade na qual a pessoa está inserida. ABA tem seus princípios no condicionamento operante introduzido por B.F. Skinner. A terapia ABA avalia o comportamento e, ao identificar comportamentos que não são funcionais para o indivíduo, realiza-se um plano de ensino para modificar esse comportamento disfuncional.

Há vários tratamentos que podem ser utilizados no tratamento da pessoa com Transtorno do Espectro Autista. A terapia ABA, segundo estudos científicos, hoje é um dos métodos considerados mais eficazes para o tratamento da pessoa com Transtorno do Espectro Autista. Independente do tratamento escolhido, é importante que a terapia seja iniciada o mais cedo possível e esta deve atender à necessidade específica do indivíduo.

As principais características do Transtorno do Espectro Autista são prejuízos na comunicação social, interação social e padrões restritos de comportamentos. Esses sintomas prejudicam o funcionamento da criança. Sintomas estes que devem estar presentes desde a infância (AMERICAN PSYCHIATRY ASSOCIATION, 2014).

A análise do comportamento aplicada visa ajudar a pessoa com TEA a tornar-se independente, melhorando a sua qualidade de vida. Existem muitos boatos que acabam por gerar preconceitos em relação ao ABA. É comum ouvirmos discursos como: "vou moldar meu filho; ele vai virar um robozinho, não vai pensar"; "A criança não aprende com o ABA, ela só repete o que foi passado a ela" . Neste capítulo, vamos explanar o que é a Análise do Comportamento Aplicada (ABA) e quais os desafios e avanços na terapia ABA para a pessoa que apresenta o Transtorno do Espectro Autista.

As principais características da Análise do Comportamento Aplicada (ABA)

A análise do comportamento aplicada ensina habilidades importantes para o desenvolvimento da pessoa com TEA nas áreas de: sociabilização, linguagem, atenção, associação, coordenação e autonomia. A terapia ABA visa tornar a pessoa mais independente, favorecendo uma melhoria na sua qualidade de vida.

ABA (*Applied Behavior Analysis*, em inglês) ou análise do comportamento aplicado vem do behaviorismo: analisa, observa e explica o comportamento humano (LEAR, 2004).

A terapia ABA envolve um processo de ensino e aprendizagem, no qual o analista do comportamento desenvolve seu trabalho de forma estruturada e todos os procedimentos devem ser descritos e definidos para que os avanços obtidos na terapia ABA possam ser mensurados.

Nosso comportamento é modificado o tempo todo. Apesar de não percebermos, somos moldados para viver em sociedade. Tomamos decisões pelos estímulos que recebemos, sejam positivos ou negativos.

A terapia ABA envolve o ensino individualizado de habilidades para desenvolver a autonomia. Nesse sentido, as habilidades ensinadas compreendem comportamentos acadêmicos, contato visual, atividades da vida diária, higiene pessoal, entre outros. Alguns comportamentos são considerados problemas na pessoa com autismo: interesse restrito, estereotipias, rituais, birras, entre outros.

A análise do comportamento aplicada usa de estratégias cientificamente comprovadas para ajudar a pessoa com TEA a melhorar comportamentos que não são funcionais, ou seja, que atrapalham a sua vida e de seus familiares. Por meio de reforços positivos, os comportamentos disfuncionais podem vir a ser extintos e trazer melhora para a vida familiar e em sociedade como um todo. A terapia ABA intencionalmente ensina a exibir comportamentos adequados em vez de comportamentos disruptivos e problemáticos.

Como a terapia ABA pode ajudar na prática em sala de aula

Em um primeiro momento, é necessário que se realize uma avaliação comportamental para identificar o comportamento da criança com autismo e o ambiente onde ela está inserida. A avaliação tem como objetivo avaliar se a criança possui linguagem funcional, mantém contato visual, atende quando chamada pelo nome, obedece a regras, faz birras, entre outros. Buscar entender a função do comportamento para assim poder atuar sobre ele. Buscando comportamentos mais adequados.

Para ensinar, primeiramente você precisa saber o que ensinar. Nesse sentido, é necessário que você selecione um currículo e métodos específicos para atender às necessidades específicas da pessoa atendida (LEAR, 2004).

Quando uma criança apresenta dificuldades dentro da sala de aula, como é o caso do menino João (nome fictício), que tem quatro anos de idade e está matriculado na educação infantil, a professora mantém uma rotina em sala de aula na qual realiza roda de leitura, músicas, atividades, entre outras.

Mas percebe-se que João não consegue participar da roda de leitura. Ele não consegue ficar sentado por muito tempo nem participar das músicas, pois a música envolve vários gestos e ele apresenta dificuldade em realizá-los. Sua professora, com a família, recebe orientações de uma analista do comportamento, que irá auxiliá-la.

A professora receberá orientações de como ela deve realizar esta roda de leitura para, aos poucos, conseguir fazer com que ele participe. Nesse momento, é importante que a professora esteja aberta a receber conhecimento, conquistar João aos pouquinhos para a roda de leitura por meio de estratégias utilizadas na análise do comportamento. O analista, após as orientações passadas à professora, estabelecerá um cronograma.

Como apresentado no parágrafo acima, após identificada a dificuldade, realiza-se um plano de intervenção para que a criança participe ativamente das atividades realizadas em sala de aula, em que intencionalmente ensinará a criança a exibir comportamentos adequados por reforços positivos, garantindo, assim, a participação na roda de leitura e nas músicas infantis.

O comportamento é influenciado pelo meio onde estamos inseridos e traz consequências. Nesse sentido, esses comportamentos podem ser modificados por meio de recompensas positivas (MOREIRA e MEDEIROS, 2007).

Considerações finais

Na análise do comportamento aplicada, uma vez que o comportamento é analisado, cria-se um plano de ação para mudar o comportamento que está causando problemas, como no caso apresentado pelo menino João, que não conseguia realizar as atividades propostas pela professora, e, por meio da terapia ABA, conseguiu grandes avanços, participando das atividades em sala de aula. A terapia ABA é considerada uma das melhores terapias para o tratamento da pessoa com transtorno do espectro autista. Apesar de muitos ainda não conseguirem compreender a sua dimensão, ela é de suma importância para o desenvolvimento da criança. Nós mudamos nossos comportamentos para atender às demandas da sociedade e não percebemos. O analista do comportamento entende que nossos comportamentos podem ser mudados de acordo com a necessidade do ambiente no qual estamos inseridos. Nesse sentido, utiliza-se de estratégias de ensino para ajudar a pessoa que possui um comportamento considerado disfuncional para aquele ambiente.

Referências

AMERICAN PSYCHIATRY ASSOCIATION (APA). *Manual diagnóstico e estatístico de transtornos mentais – DSM-V*. Porto Alegre: Artmed, 2014.

LEAR, K. *Ajude-nos a aprender. Um programa de treinamento em ABA (Análise do Comportamento Aplicada) em ritmo autoestabelecido*. Toronto, 2. ed, 2004.

MOREIRA, M. B.; MEDEIROS, C. A. de. *Princípios básicos de análise do comportamento*. Porto Alegre: Artmed, 2007.

18
___

INCLUSÃO ESCOLAR NA PERSPECTIVA DA ANÁLISE DO COMPORTAMENTO APLICADA

Você já deve ter ouvido falar em "Método ABA" para intervenção no autismo, mas talvez você ainda não saiba que ABA é uma ciência e não um método. Aqui, você aprenderá como essa ciência ABA favorece uma efetiva inclusão escolar no TEA, respeitando os critérios de individualidade, precocidade e intensidade.

NATHALIA BELMONTE

Nathalia Belmonte

Contatos
nathy.bel@hotmail.com
Instagram: @belmontenathalia
Youtube: Psicopedagoga Nathalia Belmonte
Facebook: https://bit.ly/33bCHxN

Sou terapeuta da aprendizagem, formada em Pedagogia pela UVA (2006), especialista em Gestão Educacional pela UCB (2009), em Neuropsicologia da Educação pela UNILAGOS (2012), Psicopedagogia Clínica e Institucional pela ÚNICA (2019) e com especialização em Intervenção ABA no Autismo e deficiência intelectual pelo CBI of Miami (2021). Formação avançada em Avaliação Verbal *Behavior Milestones Assessment and Placement* (2019), formação em intervenção precoce baseada no modelo DENVER (2020). Professora na Academia do Autismo, ministrando os cursos ABA na Educação Infantil e Formação Avançada em Inclusão Escolar no TEA. Minha missão é ensinar por meio de cursos, palestras e consultorias no que tange à educação e ao desenvolvimento infantil, priorizando uma prática assertiva e inclusiva, minimizando dificuldades e transtornos do neurodesenvolvimento; sobretudo, ajudar famílias, professores e alunos a desenvolverem o seu maior potencial de aprendizagem.

Os comportamentos humanos são os interesses de estudo da Análise do Comportamento Aplicada, tendo como grande empreendimento o conhecimento de como nos comportamos, pensamos e sentimos. Atentaremos aqui para o estágio de desenvolvimento e aprendizagem que molda a maior parte dos nossos comportamentos. No Transtorno do Espectro do Autismo, devemos priorizar o período crítico, que também denominamos de janelas de oportunidades, um período ímpar no desenvolvimento humano que, quando exposto à intervenção e estimulações adequadas, as possibilidades de desenvolvimento são muito maiores do que na fase adulta. Quanto mais precoce ocorrer a intervenção, maiores serão as possibilidades de neuroplasticidade e os resultados serão expressos no comportamento do indivíduo e na sua qualidade de vida.

Geralmente, quando a criança ingressa na creche, os professores são os primeiros a identificarem algum atraso no desenvolvimento. Muitas vezes, os primeiros sinais de autismo ficam mais perceptivos durante as demandas sociais no contexto escolar. Estreitar vínculo com a família, desenvolvendo um diálogo fortalecido, auxiliará a escola a compreender melhor a aprendizagem da criança, reconhecendo os possíveis enfrentamentos para intervir o quanto antes a fim de propiciar estratégias de ensino adequadas às necessidades da criança.

Os marcos evolutivos do desenvolvimento, também conhecidos como *developmental child milestones*, devem ser respeitados. Logo, não existe o tempo da criança: ou ela estará dentro do marco do desenvolvimento ou estará com um atraso no seu desenvolvimento, o que deverá ser iniciado uma investigação detalhada. A escola tem papel importante nesse processo, elaborando um assertivo relatório escolar para encaminhamento da criança para uma avaliação médica. Mas não é só isso, não. Após identificar sinais de risco para o autismo e fazer o encaminhamento, o próximo passo da escola é elaborar estratégias pedagógicas inclusivas, priorizando uma estimulação adequada.

Aqui, não estamos garantindo a cura para o seu aluno. Longe disso. Sabemos que não existe cura para o Transtorno do Espectro do Autismo. Mas, como vimos anteriormente, o período da primeira infância é o de maior neuroplasticidade, permitindo que áreas cerebrais resgatem funções importantes que estavam em déficit. Com a Análise do Comportamento Aplicada, não buscamos a cura porque respeitamos as individualidades e especificidades do sujeito, mas acreditamos que, diante de qualquer limitação, existe a possibilidade de melhorar o prognóstico da criança, permitindo que a mesma seja mais autônoma e independente no futuro.

Análise do Comportamento Aplicada (ABA) é uma ciência de origem inglesa, *Applied Behavior Analysis*, que estuda as variáveis que operam sobre o comportamento, diminuindo a probabilidade de ocorrência dos comportamentos menos adaptativos e aumentando a probabilidade de ocorrência dos comportamentos funcionais.

Apesar de ter ficado conhecida como tratamento para crianças com autismo, sua eficácia é comprovada para intervenção no comportamento atípico e/ou neurotípico, para crianças ou para adultos. Há evidências científicas que comprovam a sua eficácia no tratamento quando se deseja operar sobre um comportamento indesejável, substituindo-o por outro mais socialmente relevante.

Ficou conhecida como tratamento para autismo porque, em 1987, Lovaas utilizou pela primeira vez a ABA em um experimento. O objetivo foi verificar a efetividade de um ambiente de intervenções comportamentais intensas e compará-las com a efetividade de tratamento alternativo. Participaram desse experimento 38 crianças com autismo, 19 delas receberam por dois anos intensivas horas de intervenção ABA, e as outras 19 crianças foram submetidas por dois anos a um tratamento alternativo. Os resultados comprovaram que ABA teve eficácia no tratamento das 19 crianças, pois grande parte delas tiveram ganhos expressivos e foram consideradas aptas a acompanhar seus colegas em turmas regulares de ensino, logo ganhou essa popularidade no tratamento do autismo.

Três motivos para usar ABA nas práticas inclusivas

Para uma efetiva inclusão escolar, torna-se necessário utilizarmos práticas baseadas em evidência científica, e, apesar da ABA ser uma ciência, outros três motivos reforçam que uma prática inclusiva baseada em ABA é eficaz. A seguir:

1. Funciona: é a intervenção que mais tem evidências científicas que comprovam sua eficácia, tanto para crianças autistas ou para crianças neurotípicas, ou com outros transtornos do neurodesenvolvimento, como TDAH e TOD.

2. **Aprendizagem sem erro:** parte do princípio de que toda criança é capaz de aprender. Se a criança não está aprendendo, é preciso rever a prática do professor. E sempre se perguntar: o que eu estou fazendo de errado que o meu aluno não aprende? Existem programas específicos para desenvolver as habilidades da criança, levando em consideração a hierarquia de ajudas.
3. **Respeita o direito de aprendizagem:** respeita a inclusão, os limites do aluno. Sempre devemos nos perguntar: o que o aluno já sabe fazer? Quais comportamentos são relevantes para o meu aluno?

Logo, a frase de Lovaas (1987) faz todo sentido: "Se eles não aprendem como nós ensinamos, nós ensinaremos da maneira como eles aprendem."

Mas quem pode aplicar ABA? O aplicador em ABA pode ser qualquer pessoa que deseja fazer a diferença na vida do aluno. Logo, precisa levar em consideração que a intervenção deve ter como objetivo priorizar a qualidade de vida do sujeito, operando sobre os comportamentos que estão em déficit, para que aumentem sua frequência e diminuam os comportamentos pouco adaptativos.

O aplicador em ABA pode ser o professor, o mediador escolar, porém é de suma importância que o aplicador seja lúdico, proativo e inclusivo. O primeiro passo é o aplicador ABA/professor ou mediador ser reforçador. Afinal, é preciso criar vínculo com o aluno, ter uma relação socioafetiva, ser acolhedor e respeitoso, pois ABA não pode ser aversiva. Devemos priorizar uma prática voltada para os esquemas de reforço positivo e não com punição.

Em ABA, operamos no comportamento operante, uma ação 100% aprendida. No comportamento operante, a resposta sempre produz uma consequência. O repertório comportamental do aluno está entre as coisas que ele faz, então, podemos dizer que a consequência é reforçadora. Quando o comportamento do aluno é mantido por suas consequências, dizemos que esse comportamento tem valor de reforço. A consequência pode aumentar a frequência de ocorrência futura da classe de resposta que a antecedeu ou pode diminuir a frequência.

Aumenta a frequência: reforço.

Diminui a frequência: punição.

O reforço positivo é um estímulo adicionado no ambiente que aumenta a frequência da resposta. Não tem caráter valorativo, mas matemático. Suponhamos que uma criança está na sala de aula e começa a chorar para ganhar um brinquedo, a professora olha para a criança e entrega um brinquedo para que ela pare de chorar. Digamos que a criança continua a repetir esse comportamento outras vezes. Neste caso, claramente ocorreu um reforço positivo, pois entregar o brinquedo quando a criança estava chorando foi uma consequência reforçadora para o aluno, que tentava obter o objeto. Logo, aumenta a probabilidade de chorar outras vezes quando quiser ganhar um brinquedo.

O reforço negativo é a retirada de um estímulo aversivo do ambiente, aumentando a probabilidade de frequência da resposta. No exemplo acima, entregar o brinquedo para a criança foi um reforço negativo para a professora, pois retirou um estímulo aversivo para ela, que era a criança chorando na aula. Com isso, todas as vezes que a criança chorava, a professora lhe entregava um brinquedo na tentativa de acalmá-la. Assim, observamos que o reforço negativo aumenta a probabilidade da resposta ocorrer novamente. Quando estamos diante de um comportamento inadequado ou indesejável e pretendemos diminuir a sua ocorrência, utilizamos a retirada do reforço. Vamos listar alguns reforçadores que podemos usar na escola durante as atividades, mas é muito importante, primeiro, você conhecer o seu aluno e avaliar qual o melhor reforçador para ele. Sabemos que, para algumas crianças com autismo, é difícil motivar-se para atividades da rotina escolar, brincadeiras coletivas. Assim, precisamos utilizar um reforçador arbitrário para motivar extrinsecamente a criança. O efeito é produto indireto da ação, o que reforça a criança é a consequência reforçadora, ou seja, ter acesso ao reforçador e não à própria ação da atividade. Com o tempo, o objetivo é que a atividade pareada com o reforçador se torne reforçadora também.

- **Sociais:** elogios, sorrisos, aplausos, polegar para cima, uma piscadinha, mandar beijo, demonstrar muito entusiasmo.
- **Tangíveis:** brinquedos, livros, objetos de interesse, figurinhas.
- **Atividade:** um jogo, um vídeo, um filme, uma brincadeira.
- **Físicos:** cócegas, abraço, beijos etc.
- **Comestíveis:** doces, frutas, lanche, guloseimas etc.

Os comestíveis só são utilizados quando nenhum outro é reforçador para o aluno. Os comestíveis, por serem reforços primários e estarem relacionados ao fator fisiológico, se tornam mais aceitáveis para alunos com dificuldade de se engajar em outros reforçadores.

Quando pensamos em intervenção ABA, precisamos levar em consideração que o aluno precisa ser o protagonista da sua aprendizagem. Assim, torna-se necessário partirmos da linha de base, identificando o que seu aluno já sabe e o que precisa aprender. Ao planejar estratégias inclusivas, partimos da ideia de que o foco é o fortalecimento do acerto, evitando uma aprendizagem com erros, pois as crianças com autismo tendem a se desregular mais facilmente quando estão errando. O nosso objetivo é ensinar por meio da motivação e, quando o aluno erra na atividade, ele tende a se desinteressar por ela, podendo até apresentar comportamentos inadequados, tentando fugir ou se esquivar. Portanto, utilizamos a hierarquia de dicas, o que manterá o aluno engajado e evitará que ele perca a motivação.

A hierarquia de dicas deve ser usada sempre quando a criança não emite a resposta, ou seja, ainda não tenha autonomia para realizar sozinha ou não esteja compreendendo a instrução do professor. Nessa situação, daremos **uma dica total**, segurando a mão da criança e realizando todo o movimento, do início até o final do procedimento motor, quando for uma resposta verbal também daremos a dica verbal, emitindo a resposta completa. Também podemos dar **uma dica parcial** quando a criança já emite parcialmente a resposta adequada, mas, por vezes, ainda apresenta dificuldade para tomar iniciativa para realizar a atividade. A **dica gestual** é a menos intrusiva: você não toca na criança e faz gestos sinalizando o que o aluno deverá fazer. Como evitamos o erro da criança, também podemos dar a dica quando percebemos que a criança emitirá a resposta inadequada, então, antecedemos o comportamento correto com a ajuda.

É preciso reforçar imediatamente após a resposta correta da criança, mesmo quando você der ajuda. Assim, estará fortalecendo esse comportamento e os erros devem ser corrigidos imediatamente (fazendo novamente o procedimento com a ajuda total) e não reforçar.

Esvanecimento

O objetivo da intervenção ABA é desenvolver na criança a independência e sua autonomia. Com isso, precisamos retirar as dicas aos poucos, sempre quando temos a certeza de que a criança já avançou a etapa com proficiência. Utilizamos o critério de 90% de acertos. Lembrando que o programa de habilidade pode conter de 9 até 20 tentativas, dependendo de cada criança e de cada habilidade que está sendo trabalhada. E sempre devemos utilizar dicas menos intrusivas respeitando as etapas de desenvolvimento da criança.

Professor, essas práticas são baseadas em evidências científicas e são relevantes no contexto educacional. Aprimore suas práticas inclusivas, respeitando a individualidade, a precocidade e a intensidade do ensino para seus alunos com TEA.

Desejamos boas experiências inclusivas.

Referências

ALENCAR, E. M. L. S. *Psicologia: introdução aos princípios básicos do comportamento*. Petrópolis: Vozes, 2000.

BAUM, W. *Compreender o Behaviorismo: ciência, comportamento e cultura*. Porto Alegre: Artes Médicas Sul, 2006.

MARTIN G.; PEAR J. *Modificação do comportamento. O que é e como fazer*. 8. ed. São Paulo: Roca, 2009.

MOREIRA, M. B.; MEDEIROS, C. A. *Princípios básicos de Análise do Comportamento*. Porto Alegre: Artmed, 2007.

ROGERS, S. J.; DAWSON, G. *Intervenção precoce em crianças com autismo*. Lisboa: Libel edições técnicas LTDA, 2014.

SELLA, A. C.; RIBEIRO, D. M. *Análise do Comportamento Aplicada ao transtorno do espectro autista*. Curitiba: Appris, 2018.

19

VISÃO DE MÃE TEA (TRANSTORNO DO ESPECTRO AUTISTA) X VISÃO DE NUTRICIONISTA INTEGRATIVA

Este capítulo busca trazer uma nuance entre o que há na ciência, e a experiência de uma mãe que buscou, no diagnóstico, encontrar alternativas para auxiliar sua filha autista. O autismo normalmente não anda sozinho, e quem é diagnosticado com autismo tem quatro vezes mais chances de apresentar problemas intestinais relacionados. O intestino é considerado nosso "segundo cérebro" e muitos comportamentos podem ser reflexos desses problemas. Condições ou diagnósticos coexistentes podem impactar negativamente pela falta de intervenções adequadas; mas uma nutrição especializada pode gerar avanços de qualidade de vida para o autista e a família.

SAMIDAYANE MOREIRA GUERRA

Samidayane Moreira Guerra

Contatos
samidayane@gmail.com
Instagram: @nutri.samidayane
79 99896 4422

Nutricionista pelo Centro Universitário FAG (2008), mestre em Ciências Farmacêuticas pela Universidade Federal de Sergipe – UFS (2019), especializada em Obesidade e Emagrecimento (2014). Possui habilitação em Prescrição de Dietas Baseadas no DNA, programa IGenesis da DF Médica (2015), também idealizadora e responsável pelo programa de computador (aplicativo) para prescrição de fitoterapia, FitoSmart 1.3, com registro no INPI BR512019001927-0 (2019). Possui diversos cursos na área de transtornos neuropsiquiátricos em nível internacional. Realiza atendimentos clínicos em todo o Brasil para pessoas com TEA, TDAH, T21 e TOD. Tem como principal vocação ser mãe da Lívia Marcela Guerra, nascida em 19 de julho de 2017, autista.

E se eu tivesse buscado outras terapias? E se eu tivesse pesquisado mais? E se essas terapias tivessem começado antes? E se eu tivesse estimulado mais? E se eu tivesse percebido antes... E se?

Tantas vezes esses "se" costumam rondar nossos pensamentos, mas devemos fazer esforços para entendermos que a hora certa de tomar uma decisão é agora. Só o agora é o que temos em nossas mãos, só no agora podemos agir.

Que desafio enorme não lamentar diante de escolhas passadas, de caminhos já percorridos, e que hoje consideramos inadequados. Olhar para o passado com um olhar do presente e avaliá-lo nem sempre é justo. Na verdade, só conseguimos avaliar dessa forma porque já vivemos toda essa experiência que permite ver a situação com uma nova perspectiva. Conseguir vislumbrar um futuro diferente e traçar novos caminhos; refazer-se, recomeçar e redescobrir.

Lembro como se fosse hoje o fatídico dia em que finalmente tive a certeza de que minha filha era autista, nem precisou de especialista para me dizer, estava tudo muito claro; retomei vídeos de quando era recém-nascida, olhando em meus olhos, sorrindo, falando "mamã" e "papai", algumas palavrinhas próprias da idade e depois o brilho do olhar dela sumiu, parou de falar, de sorrir, de olhar para mim e responder quando chamada. Agendamos a neuropediatra, que confirmou o diagnóstico. Pareciam ser os dias mais tristes da minha vida. Todos os sonhos que eu havia planejado para minha filha escorreram pelo "ralo" da vida e, naquele momento, eu somente poderia lamentar e chorar. Mas depois que o susto inicial passou, fiquei três dias emudecida, em choque; só vi aquela menininha de dois anos e de cabelos louros correndo no parque atrás das aves. Como eu pude viver sem ela por tanto tempo? Que bênção poder ter sido o receptáculo dessa preciosidade, tendo sua presença ali todos os dias. Com ou sem autismo, era minha filha, uma criança, o meu grande amor.

Minha filha foi planejada por Deus, e nenhum outro plano teria sido tão perfeito quanto esse; ela veio a este mundo para um plano maior, ela foi e sempre será bem-vinda no meu coração de mãe e em nossa família.

Nesse aspecto que quero iniciar sobre como ela mudou a minha vida profissional. Como nutricionista, passei a estudar sobre comportamentos, psicologia, fisiologia eixo cérebro-intestino até a ponto de entender como o intestino tem mais neurônios do que o próprio cérebro. Tudo muito intrigante; passei muitas horas estudando sobre o assunto em livros e artigos científicos em inglês, muitas vezes em outras línguas e os traduzia como podia. A comunidade científica, não apenas no Brasil, é muito restrita no que tange a esse assunto relacionado à Nutrição no Transtorno do Espectro Autista (TEA) e em outros níveis neuropsiquiátricos também.

Foram muitos dias em claro, achei que poderia descansar após o mestrado, mas minha menina precisava de mim; tivemos o início da pandemia de Covid-19 e ficamos sem as terapias. Ela era tão pequena para fazer on-line, não foi possível e ficamos desesperados, pois ela perderia um tempo precioso sem terapias e convívio social. Resolvi colocar em prática tudo o que eu estava estudando, pois era tudo o que poderia fazer no momento.

Comecei observando que o intestino dela não funcionava corretamente, fezes amarelas, muito mal-cheirosas a ponto de precisar retirar a fralda de dentro de casa, com pedaços de alimentos, diarreia com muco. Mesmo levando a vários pediatras, nenhum identificou anormalidade: era da fórmula, diziam eles. E eu fui convencida, mesmo sendo nutricionista e mãe de primeira viagem. Ao conversar com outras mães de crianças típicas, fui percebendo que as fezes da minha filha não seguiam o mesmo padrão. Passei a anotar tudo o que ela comia, iniciava naquele momento uma investigação meticulosa ao cruzar os alimentos que ela ingeria.

Naquele início de pandemia, nem mesmo tirá-la de casa para levar em um laboratório eu tinha coragem, não sabia e não sabemos o que essa doença pode causar em longo prazo no cérebro de nossas crianças. Então, fui pelo olhar clínico, observacional; Lívia nunca havia comido glúten, era ovolactovegetariana e só comia comida orgânica. Assim foi a sua introdução alimentar. O que poderia haver de tão errado?

Lívia só foi amamentada até 40 dias, depois precisei ordenhar e dar para ela na mamadeira, complementando com a fórmula infantil. Ela já apresentava flacidez orofacial, mas nenhum pediatra percebeu, os profissionais que me atenderam no banco de leite não perceberam e eu não percebi. Parecia que não havia nada errado, exceto o fato dela somente dormir enquanto mamava, ficava cansada com poucas sugadas, tentávamos acordá-la para mamar e ela logo se irritava, me empurrava e chorava. Aliás, chorava muito. Estava com fome, perdendo peso, me rendi à fórmula láctea.

Observei que o problema maior era esse. Tentei tirar a fórmula porque ela já se alimentava bem com comida e, para complementar, substituí por outra fórmula vegetal, mas não foi bem aceita. Então, começava um percurso difícil de retirar aos poucos, eu tinha certeza de que era esse o caminho, não como mãe, mas como nutricionista, pois a clínica é soberana. Depois de uns meses, conseguimos tirar toda a fórmula láctea e ficar somente na bebida vegetal. Ela era outra criança, passou a responder quando chamada, a me olhar novamente e a balbuciar palavrinhas soltas; algumas estereotipias como o *flapping*, que é o balançar das mãozinhas, reduziu de modo significativo o uso de polegar na boca. Quanto às fezes, melhoraram drasticamente. Pela primeira vez, vi fezes bem formadas de uma criança que comia bem a comida sólida, mas ainda havia mais o que fazer. Havia pedaços de alimentos e muco ainda. Eu precisava estudar mais.

Então, prescrevi para ela enzimas digestivas e notei melhora substancial no seu intestino. Era isso! Ela não produzia enzimas digestivas de maneira adequada, mas por quê? Quais enzimas? Qual dosagem para uma criança de dois anos de idade? E naquele peso? Muitas perguntas e poucas respostas, a saga de pesquisas continuava. O intestino estava muito inflamado, por isso o muco. Ótimo, já é algo a se pensar para melhorar. Meu próximo objetivo era estimular a fala dela. Mas como, sem terapias? Estudei comportamento e alguma coisa sobre fonoterapia, mas era tudo muito difícil, por isso cada profissional tem seu espaço bem definido no tratamento do TEA. Então, fui buscar na Nutrição também, deveria haver algo. E havia.

Encontrei estudos sobre B12, Ômega 3 e metilfolato (vitamina B9) que, na deficiência, podem prejudicar a fala; mas existem formas e quantidades adequadas para administrar esses suplementos que precisam ser muito personalizadas, pois cada pessoa TEA metaboliza de maneira diferente. É preciso muito critério para suplementar qualquer nutriente; alguns são muito sensíveis e podem não responder bem à suplementação. Digo que é preciso primeiramente preparar bem o "terreno biológico" dessa pessoa, descobrir e eliminar o que está fazendo mal para, então, suplementar. A dieta sempre será a chave que abre a porta principal.

O intestino humano é povoado por dez vezes mais bactérias do que células que abrigam nosso organismo. Dependendo das características genéticas, ambientais, dietéticas, modo de nascimento (parto normal ou cesariana), amamentação e hábitos alimentares, cada pessoa apresenta uma composição bacteriana distinta. A quebra desse equilíbrio de bactérias intestinais é conhecida por disbiose intestinal e está associada a diversos distúrbios autoimunes bem descritos na literatura médica, como diabetes e alergias, por exemplo.

Diante desse fato e de posse desse conhecimento aplicado em minha filha, com resultados extraordinários, cujas terapeutas também observaram nas seções de terapias que Lívia retomou presencialmente. Diferentemente de quando cessou a terapia em razão da pandemia, agora já estava falando melhor, socialmente melhor, se expressando de maneira mais organizada e tudo isso, apesar de estar sem contato social ou terapia alguma. Passei, então, a atender outras pessoas com Transtorno do Espectro Autista (TEA), Transtorno de Déficit de Atenção (TDAH) e Síndrome de Down (T21), e venho ampliando meus conhecimentos para outras doenças neuropsiquiátricas. Eu tive a alegria de ter muitos ganhos com minha filha, de ouvi-la falar, se expressar, de aprender a partir de um tratamento precoce na Nutrição. Esse conhecimento não poderia guardar somente comigo.

O início de todo o tratamento se dá pelo acolhimento da família, mas principalmente da mãe que geralmente é a principal provedora da dieta do filho. Muitas vezes, encontro mães tão desesperadas que se esquecem de si mesmas, não se olham no espelho, não se arrumam, não vivem mais. Eu entendo, acredite em mim. Sem rede de apoio local, senti muito isso, dediquei-me tanto a estudar e devotar minha vida toda à Lívia que me esqueci de mim e de quem estava ao meu redor, desenvolvi doenças, ganhei peso, estava sempre estressada, cansada e chorosa. Dói no mais profundo do ser, eu sei; passei por isso, ainda passo nas raras crises que minha filha apresenta, pois, apesar de todo o tratamento, ela nunca deixará de ser quem é, autista. O objetivo do tratamento dietético e terapias é um só: tratar comorbidades e estimular desenvolvimentos.

Nenhuma pessoa, seja TEA ou não, conseguiria estudar, brincar, dormir ou fazer terapias com a barriga doendo, com dor de cabeça ou enxaqueca, com o abdômen estufado, tendo diarreias ou constipação, com dores nas articulações que limitam os movimentos e tantos outros sinais e sintomas de uma disbiose intestinal. Chega a ser desumano não ter essa visão crítica da fisiologia completa de uma pessoa que não é apenas autista, mas tem dores físicas também, adoece como qualquer outra e, mesmo assim, precisa ir às terapias com dor ou sem dor pelo simples fato de não conseguir se expressar verbalmente. Muitos tentam, batem na barriga, ficam impacientes, batem a cabeça, tentam transferir a dor física para outro lugar, entram em crise. E é nesta conjuntura que entra a Nutrição Integrativa.

Nesse contexto, inicio com anamnese completa, que são perguntas sobre tudo o que é possível sobre a saúde e comportamento do paciente. São consultas longas, pois a investigação é minuciosa e, muitas vezes, a mãe exprime o desejo de também ser ouvida. Então, começamos o tratamento dietético personalizado, pois nunca será igual, sendo cada TEA único, exclusivo.

Nesse tratamento, buscou-se remover qualquer organismo patogênico como parasitas, bactérias, leveduras e alimentos que possam ser reativos imunologicamente e gerar alergias ou intolerâncias, tais como: glúten, laticínios, alimentos processados, açúcar, amendoim, castanhas, ovos, café, cacau, soja. Tudo isso depende de exames bioquímicos, genéticos e testes clínicos. Isso não significa que todos esses alimentos seriam retirados da dieta. Há o estímulo a uma alimentação mais orgânica ou com o mínimo de processados, buscando sempre o que se tem de mais natural e com temperos de ação antimicrobiana e/ou antifúngica como orégano, óleo de alho, óleo de coco, louro, coentro, alecrim, tomilho, anis-estrelado, hortelã.

O processo nem sempre segue uma linha, que pode ser primeiro a remoção de patógenos e alimentos processados ou que são reativos, e recolocamos, se necessário, enzimas digestivas e substâncias que melhoram a acidez estomacal, pois muitas pessoas autistas apresentam hipocloridria, talvez geneticamente ou causado por algum medicamento antirrefluxo ou antiácido durante a vida.

Então, podemos ou não reparar o revestimento intestinal com nutrientes adequados, como aminoácidos específicos, colágenos apropriados ou caldo de ossos; algumas vitaminas hidro ou lipossolúveis e ácidos graxos essenciais, como ômega 3, por exemplo. Após esse processo, é permitida a reinoculação do intestino com bactérias boas, usando suplementos pré e probióticos ou fermentados como kefir, kombucha, chucrute, natto ou kimchi, que são vegetais fermentados coreanos. Observe que trilhamos um bom caminho até chegar ao estágio de suplementar probióticos, pois existem diversas razões importantes para isso, como o Supercrescimento bacteriano (SIBO) ou Supercrescimento fúngico (SIFO) que, inclusive, podem piorar o quadro de disbiose se administrado em momentos inapropriados.

Chegamos à fase de reequilíbrio dessa pessoa e, por que não da família toda, agora com mais tranquilidade e adaptação à dieta com práticas saudáveis como meditação, oração, passeios, banhos de mar ou cachoeira; parece algo tão simples, mas necessário, já que o estresse também pode ser um desencadeante da disbiose intestinal e gerar doenças autoimunes.

Agora, podemos em conjunto com a família reavaliar todo o processo; registrar tudo o que foi realizado, todos os alimentos ingeridos nas refeições, se houve piora ou melhora com algum deles e, então, buscar a solução caso algum alimento ainda esteja causando mal-estar.

Como se pode observar, o papel do nutricionista está muito bem fundamentado na etiopatogenia das doenças intestinais ligadas ao TEA e outros transtornos neuropsiquiátricos que merecem toda a nossa atenção e trazem bem-estar a essas pessoas e a toda a família que sofre em conjunto para que, então, todas as terapias aplicadas possam ser bem aproveitadas e com o rendimento esperado.

Respondendo às perguntas iniciais, não existem porquês, existe o hoje, e que a determinação da família, empenho, resiliência e amor são fundamentais para qualquer pessoa, inclusive um filho autista.

Meu legado, com todo o meu amor, para Lívia.

20

AUTISMO NA VIDA ADULTA
DESAFIOS E POSSIBILIDADES DE INCLUSÃO NO MERCADO DE TRABALHO

Neste capítulo, serão abordadas as principais implicações da inclusão laboral de adultos com Transtorno do Espectro Autista (TEA) na interface da própria pessoa, da família, da empresa e dos profissionais de saúde.

SILVIA M. KANAWA

Silvia M. Kanawa

Contatos
smkanawa@icloud.com
Facebook: Silvia Kanawa
Instagram: @silviakanawa.to
LinkedIn: Silvia Kanawa

Terapeuta ocupacional pela Pontifícia Universidade Católica de Campinas (PUC-Campinas), especialização em Terapia Ocupacional em Saúde Mental pelo Departamento de Psiquiatria da Universidade Federal de São Paulo (UNIFESP/EPM). Possui experiência clínica de 18 anos no atendimento a pessoas com TEA em consultório particular e na saúde pública. Trabalhou por mais de 10 anos em Centro de Atenção Psicossocial Infantojuvenil – CAPSij. Atualmente, realiza atendimento individual e grupal em consultório particular, além de supervisão clínica. É colaboradora do Grupo de Adultos do Ambulatório de Cognição Social Prof. Marcos T. Mercadante – TEAMM/UNIFESP e coordena o subgrupo voltado para a Vida Ocupacional do Projeto Ciclos - TEAMM/UNIFESP. Coordenadora do Setor de Terapia Ocupacional do Ambulatório de Desenvolvimento Integral de Crianças e Adolescentes (DICA), do Departamento de Psiquiatria da Escola Paulista de Medicina da UNIFESP.

O ciclo vital humano se caracteriza por um período de aquisições e desenvolvimento de habilidades e competências. Atravessamos a infância, adolescência, vida adulta e velhice com características comuns: enfrentando desafios. É por meio deles que amadurecemos e nos aperfeiçoamos na escala evolutiva.

No entanto, a etapa que mais tem sido modificada nos últimos tempos foi a dos jovens adultos. A transição entre adolescência e vida adulta foi estendida e remodelada, havendo uma tendência na contemporaneidade à complexificação e à diversificação desse período (BORGES & MAGALHÃES, 2009). Desta fase, esperam-se conflitos relacionados à vida acadêmica, independência financeira, carreira e relacionamentos. Essas são questões comuns a adultos jovens neurotípicos, pois os com Transtorno do Espectro Autista (TEA) apresentam desafios um pouco diferentes, dependendo do nível de suporte que necessitam.

Elencam-se os déficits sociais como os principais desafios das pessoas com TEA, além de questões de saúde mental: ansiedade e depressão (ANDERSON *et al.*, 2021). O foco da intervenção na vida adulta consiste na melhoria da autonomia e da independência dessa pessoa. É necessário trabalhar atividades de vida diária (autocuidado, alimentação, vestuário) desde a infância, incluindo as atividades instrumentais de vida diária (preparo de refeição, gerenciar finanças, dirigir) e, quando possível, a total independência financeira.

Pessoas com TEA enfrentam algumas barreiras para atuar no mercado de trabalho, tais como limitações na comunicação e entendimento de regras sociais. Os estudos também sinalizam baixas taxas de inclusão laboral, ficando evidente a importância de ações para ampliar o acesso ao trabalho, sendo estratégia de cuidado para essas pessoas compreender as dificuldades e as formas de viabilizar a inclusão por meio de experiências positivas (MARTINI *et al*, 2019).

Atualmente, a sociedade postula que uma vida bem-sucedida está pautada no sucesso profissional que uma pessoa obtém no decorrer da vida e que uma vida realizada está atrelada a essa concepção (KANAWA, KITANISHI & CAETANO, 2021). O trabalho é uma das principais formas de organização e circulação, fazendo parte da construção da subjetividade e do lugar social das pessoas (LANCMAN & UCHIDA, 2003).

Na tentativa de ampliar essa discussão, salienta-se que o trabalho pode se configurar tanto como fonte de satisfação como de sofrimento (DEJOURS, 2016). Para o autor, o trabalho impulsiona processos de subjetivação, a realização de si e a construção da saúde. Sofrimento e prazer são experiências intimamente relacionadas ao processo de trabalho e determinadas por fatores como a organização e a divisão das tarefas, o sentido do trabalho para quem o desenvolve e a qualidade dos relacionamentos no dia a dia.

No Brasil, leis e diretrizes têm respaldado ações direcionadas à inclusão laboral de pessoas com TEA por meio da Lei 12.764/2012, que instituiu a Política Nacional de Proteção dos Direitos da Pessoa com Transtorno do Espectro Autista e tornou aplicável a Lei de Cotas 8.213/1991 para a contratação das pessoas com deficiência, fazendo da admissão desses sujeitos uma obrigação legal. A Lei 13.146/2015 - Estatuto da Pessoa com Deficiência assegura que a pessoa com deficiência tem direito ao trabalho de sua livre escolha e aceitação, em ambiente acessível e inclusivo, em igualdade de oportunidades com as demais pessoas. Nesse contexto, a Lei de Cotas é a mais importante e popular das legislações, pois estabelece a reserva de vagas de emprego para pessoas com deficiência, sendo obrigatória para empresas com 100 ou mais funcionários e com as cotas que variam entre 2% e 5% dos postos de trabalho. Trata-se de uma temática relativamente nova em um cenário político-social nacional e mundial.

A literatura demonstra que mais da metade dos jovens adultos com TEA que encerraram o ensino médio nos últimos 2 anos estão desempregados, sem frequentar a faculdade (SHATTUCK *et al*, 2012). Além disso, quando empregados, trabalham menos horas e recebem remuneração menor do que seus colegas (MAVRANEZOULI *et al*, 2014; ROUX *et al.*, 2013, 2015).

Embora esses dados de pesquisa ilustrem um contexto desafiador para a vida adulta, os desfechos não são tão desanimadores. As oportunidades de emprego estão aumentando e uma quantidade expressiva de profissionais têm se dedicado ao aprendizado de atendimento a adultos com TEA e questões relacionadas a essa fase da vida (BLACK, 2019).

Sabe-se que esses indivíduos têm suas dificuldades e podem necessitar de algum nível de suporte; por outro lado, possuem muitas habilidades e potenciais pouco explorados, tais como: concentração, foco, além de habilidades específicas em organização, facilidade no cumprimento de regras e normas, pontualidade e responsabilidade. Vale ressaltar a importância de reconhecer as habilidades dos colaboradores com TEA, tais como: ter "vasto conhecimento", talento, lealdade e por serem confiáveis (DREAVER, 2020).

No que tange ao mercado de trabalho, pessoas com TEA podem ter seu acesso facilitado por meio da metodologia do Emprego Apoiado (EA), que serve de auxílio para assegurar a melhor adequação às necessidades e particularidades da empresa e sujeito (KANAWA, KITANISHI e CAETANO, 2021). É uma possibilidade de inserção no mercado de trabalho de forma remunerada e competitiva, sendo uma alternativa às demais possibilidades de inserção como, por exemplo, as oficinas protegidas.

O EA é um programa personalizado, pensado e executado para cada sujeito. Contempla as seguintes etapas: definição do perfil vocacional, possibilidades de emprego/vagas disponíveis e possível customização de uma oportunidade de acordo com perfil e acompanhamento ainda não existente em determinada empresa de interesse (BETTI, 2011). Após a empresa ter sido escolhida, o consultor fará a análise da vaga oferecida ou a ser customizada. Nessa análise, avaliam-se as necessidades de adaptação e a disponibilidade de apoios necessários (tecnologias assistivas e/ou pessoas de referência – tutores). Após a contratação, o acompanhamento é feito por reuniões periódicas com o empregado e com a empresa.

Outras possibilidades de inclusão consistem em oficinas terapêuticas, cooperativas de trabalho e de geração de renda. Independente da proposta, é essencial valorizar os aspectos relacionados à produção de subjetividade, de relações de trocas e à construção de uma nova identidade social (TEDESCO, MARTINI & VILLARES, 2011). O voluntariado também tem sido uma alternativa para muitas pessoas com TEA, uma vez que é uma possibilidade que a organização tem de conhecer melhor o futuro colaborador, assim como uma oportunidade de estágio remunerado ou não remunerado, também apresenta seus benefícios.

Uma fonte de renda considerável que vem ganhando espaço consiste na prestação de serviços variados: *dog walker*, gerenciamento de redes sociais, *design*, confecção de lembrancinhas de casamento/aniversário, preparo de marmitas ou doces, dentre outros. Em suma, monetizar o *hobby* tem se mostrado uma alternativa viável, uma vez que concilia temas de interesses e habilidades específicas. A literatura enfatiza que processos de inclusão bem-sucedidos dependem de alguns fatores para o sucesso na conquista e manutenção dos empregos. Vale ressaltar o *match* entre as competências e os pontos fortes dos funcionários com TEA e entre as ações requisitadas pelo trabalho que realizam (DREAVER *et al.*, 2020). Nas vezes em que isso ocorre, observa-se que a execução das tarefas acontece com menor supervisão e maior satisfação no trabalho (ANDERSON *et al.*, 2021; DREAVER *et al.*, 2020; LARUE *et al.*, 2019).

A inclusão laboral de pessoas com TEA é um processo multifatorial, construído a partir da aprendizagem e disponibilidade de todos os envolvidos no processo. Nos parágrafos seguintes, será possível verificar os desafios e benefícios desse processo sob a perspectiva de profissionais de saúde, familiares, empresas e colaboradores com TEA.

Uma **equipe multidisciplinar** capacitada (terapeuta ocupacional, psicólogo e médico psiquiatra) é fundamental para apoiar e sustentar processos inclusivos.

Nesse cenário, merece destaque a atuação do terapeuta ocupacional por conta do histórico da profissão, que se consolidou por meio do uso do trabalho nos moldes do tratamento moral, no contexto internacional e nacional. (LUSSI & MORATO, 2016). E é com esse arcabouço teórico-prático que esse profissional norteia sua prática clínica neste novo velho cenário.

Dessa maneira, as ações devem contemplar: suporte vocacional individualizado; desenvolvimento de habilidades (por meio da ampliação do campo relacional, com foco na conquista da autonomia e independência, melhorando a qualidade de vida); adaptações no ambiente de trabalho (análise ergonômica e acomodações sensoriais, quando necessário); desenvolvimento de estratégias específicas para cada pessoa, além da avaliação de eficiência que é dinâmica e contínua.

Evidencia-se o quanto um ambiente físico bem estruturado e uma rotina de tarefas laborais organizadas previamente facilitam a permanência de pessoas com TEA no emprego. Outra ação válida é preparar esses colaboradores com certa antecedência para possíveis interrupções no trabalho ou execução de novas tarefas. Também é recomendado, delinear claramente os canais de comunicação com supervisores e colegas de trabalho, contribuindo assim na melhoria do desempenho e na redução do nível de estresse (DREAVER, 2020).

A família possui um papel essencial e precisa ser participante ativa do processo. A orientação familiar é imprescindível e pode ser feita pela psicoeducação, no auxílio e na participação no tratamento de forma global, no planejamento das ações em todas as etapas, desde a busca até a manutenção do trabalho (ações de encorajamento diante dos desafios advindos da inclusão laboral).

Algumas pessoas com TEA podem ter uma capacidade de concentração elevada e uma fixação por normas e procedimentos que compõem uma rotina estruturada, podendo ser a chave do sucesso. Em um processo de inclusão, todos os envolvidos são beneficiados: a empresa, as pessoas com TEA e suas respectivas famílias

Atualmente, o desafio tem sido batalhar para que haja um aumento nessas vagas, com enfoque na construção de novas oportunidades pautadas em uma política inclusiva (MARTINI *et al.*, 2019). A diversidade no ambiente de trabalho pode trazer benefícios para todos os colaboradores envolvidos no processo de inclusão, uma vez que melhora a qualidade das interações sociais, a capacidade de exercitar uma postura empática, e até mesmo aumento na produtividade (DREAVER *et al.*, 2020; LARUE *et al.*, 2019).

Algumas **empresas** já estão convencidas dos benefícios que colaboradores com TEA podem proporcionar no cenário corporativo, pois a interação com essa população pode auxiliar na identificação de demandas reprimidas, criando novos produtos e/ou serviços oferecidos ao consumidor, o que acaba gerando valor e sustentabilidade ao negócio. Nota-se uma preocupação cada vez maior das empresas de diversos setores nos quesitos responsabilidade social e sustentabilidade. O termo *Environmental, Social and Governance* (ESG) tem se mostrado um verdadeiro diferencial das empresas, no Brasil e no mundo, uma vez que mede o índice de comprometimento e atenção ao meio ambiente, de diálogo e adequação das empresas com as populações ao seu redor e o compromisso com a ética dos seus processos e relacionamentos, tais como: gênero, etnia, deficiência, religião e outras questões que possam servir de gatilho para o preconceito ou para a intolerância.

As potencialidades manifestadas por pessoas com TEA que atuam no mercado de trabalho têm sido descritas por alguns estudos (DREAVER, 2020; MARTINI *et al.*, 2019; MAVRANEZOULI *et al.*, 2014). Dessa forma, investir na educação e no treinamento de conscientização a respeito do TEA tem se mostrado abordagem eficaz para promover relacionamentos positivos e minimizar conflitos e mal-entendidos entre os colaboradores (HENDRICKS, 2010).

Recomenda-se que **as pessoas com TEA** que queiram entrar no mercado de trabalho procurem por grupos de capacitação e/ou ações voltadas ao desenvolvimento de competências sociolaborais. Concomitantemente, a busca de vagas em plataformas específicas, redes sociais e o *networking* se mostram aliados eficazes no que diz respeito a oportunidades de trabalho.

É urgente o investimento em projetos que assegurem a inclusão laboral de pessoas com TEA. Sabe-se que a criação, o desenvolvimento e a implementação desses projetos são marcados por etapas árduas, mas extremamente necessárias para a efetiva inclusão dessas pessoas de acordo com suas competências e não apenas cumprindo uma lei. Felizmente há empresas que possuem programas de inclusão e compreendem que a presença de colaboradores com TEA contribui na humanização do ambiente, trazendo efeitos positivos para todos os envolvidos.

Alguns desafios, no entanto, precisam ser enfrentados, tais como: lidar com atitudes negativas e estigmas relacionados ao TEA; lidar com as demandas sociais, sensoriais e ambientais (MAVRANEZOULI *et al.*, 2014).

No mundo corporativo, o preconceito não é assumido oficialmente. Ainda assim, nota-se despreparo para o manejo com a pessoa com TEA que, muitas vezes, pode ser utilizada como alternativa para o aumento da competitividade nas empresas. Para contemplar esses aspectos, sugere-se que a **empresa** invista na contratação de consultoria com profissionais de saúde especializados em inclusão laboral.

Para ser considerada inclusiva, uma empresa deve abranger seis tipos de acessibilidade: arquitetônica (ausência de barreiras ambientais – físicas), programática (programas da empresa, toda a parte de planejamento), metodológica (métodos e técnicas de trabalho), instrumental (instrumentos de trabalho), comunicacional (como a comunicação daquela empresa é desenvolvida interna e externamente) e atitudinal (relacionada à desmistificação de ideias preconcebidas) (BAHIA, 2006).

Recomenda-se também pesquisas que explorem os desafios específicos relacionados ao TEA por meio de capacitações aos pais e cuidadores e à implementação de programas modelo que assegurem a efetiva contratação e participação social dos colaboradores.

Para as pessoas com TEA, ter um emprego pode ser sinônimo de independência financeira para alguns, saúde psicológica para outros, proporcionando para a maioria das pessoas engajamento ocupacional, conexão social e autoestima.

O objetivo final da inclusão laboral vai além da vaga de emprego, relaciona-se à promoção de singularidade e criação de pertencimento, pois só assim a inclusão de fato acontece.

A necessidade de pertencer é inerente ao ser humano e mostrar para os colaboradores que criar um ambiente de trabalho diversificado e inclusivo pode tornar a jornada mais prazerosa; fazendo parte de uma liderança que se preocupa em investir em múltiplos talentos, atraindo cada vez mais criatividade e ideias inovadoras.

Referências

ANDERSON, C. et al. Young Adults on the Autism Spectrum and Early Employment-Related Experiences: Aspirations and Obstacles. In: *Journal of autism and developmental disorders*, vol. 51,1, 2021, pp. 88-105.

BAHIA, M. *Responsabilidade social e diversidade nas organizações: contratando pessoas com deficiência*. Rio de Janeiro, Qualitymark, 2006.

BETTI, A. P. *Emprego apoiado*. São Paulo: AGBook; 2011

BLACK, M. H. et al. Perspectives of key stakeholders on employment of autistic adults across the United States, Australia, and Sweden. In: *Autism research: official journal of the International Society for Autism Research* vol. 12,11,2019, pp. 1648-1662.

BORGES, C. De C.; MAGALHÃES, A. S. Transição para a vida adulta: autonomia e dependência na família. In: *Psico*, v. 40, n. 1, 23 abr. 2009.

DEJOURS, C.; BARROS, J. O.; LANCMAN, S. A centralidade do trabalho para a construção da saúde. In: *Revista de Terapia Ocupacional da Universidade de São Paulo*. 27(2), 2016, pp.228-35.

DREAVER, J. et al. Success Factors Enabling Employment for Adults on the Autism Spectrum from Employers' Perspective. In: *Journal of autism and developmental disorders* vol. 50, 5, 2020, pp. 1657-1667.

HENDRICKS, D. Employment and Adults with Autism Spectrum Disorders: Challenges and Strategies for Success In: *Journal of Vocational Rehabilitation* vol. 1, (2010) pp. 125-134.

KANAWA, S. M.; KITANISHI, N. Y.; CAETANO, S. C. Transtorno do espectro autista na vida adulta. In: ASSOCIAÇÃO BRASILEIRA DE PSIQUIATRIA; NARDI A. E.; SILVA, A. G.; QUEVEDO, J. K. organizadores. *PROPSIQ Programa de Atualização em Psiquiatria: Ciclo 11*. Porto Alegre: Artmed Panamericana; 2021. pp. 117-147. (Sistema de Educação Continuada a Distância, v.1).

LANCMAN S, UCHIDA S. Trabalho e subjetividade: o olhar da psicodinâmica do trabalho. In: *Cadernos de Psicologia Social do Trabalho*. 6, 2003, pp.79-90.

LARUE, R. H.; MARAVENTANO, J. C.; BUDGE, J. L.; FRISCHMANN, T. Matching Vocational Aptitude and Employment Choice for Adolescents and Adults with ASD. In: *Behavior analysis in practice*, 13(3), 2019, pp. 618–630.

LUSSI, I. A. O.; MORATO, G. G. Terapia Ocupacional e trabalho perspectivas históricas e possibilidades atuais no campo da saúde menta. In: MATSUKURA, T. S.; SALLES, M. M. (Org.). *Cotidiano, atividade humana e ocupação*. São Carlos: EdUFScar, 2016, v. 1, pp. 77-90.

MARTINI, L. C. *et al.* Experiência laboral e inclusão social de indivíduos com esquizofrenia. In: *Revista Brasileira de Saúde Ocupacional* [online]. 2019, v. 44.

MAVRANEZOULI, I. *et al.* The cost-effectiveness of supported employment for adults with autism in the United Kingdom. In: *Autism: the international journal of research and practice*, vol. 18, 8, 2014, pp. 975-84.

ROUX, A. M. *et al.* Postsecondary employment experiences among young adults with an autism spectrum disorder. In: *Journal of the American Academy of Child and Adolescent Psychiatry*, vol. 52, 9, 2013, pp. 931-9.

ROUX, A. M. *et al. National autism indicators report: Transition into young adulthood.* Philadelphia, PA: Life Course Outcomes Research Program, A. J. Drexel Autism Institute, Drexel University; 2015.

SHATTUCK, P. T.; NARENDORF, S .C.; COOPER, B.; STERZING, P. R.; WAGNER, M.; TAYLOR, J. L. Postsecondary education and employment among youth with an autism spectrum disorder. In: *Pediatrics, 129*(6), 2012, pp.1042-1049.

TEDESCO, S.; MARTINI, L. C; VILLARES, C. C; Saúde mental, trabalho e terapia ocupacional: as bases do empoderamento. In: SOARES, M. H.; BUENO, S. M.V. (organizadores). *Saúde mental: Novas Perspectivas*. Londrina: Yendis; 2011. pp. 135-149.

21

AS CONTRIBUIÇÕES DA EQUIPE GESTORA ESCOLAR NO DESENVOLVIMENTO DE UMA ESCOLA INCLUSIVA

Este trabalho tem como objetivo compreender as relações da equipe gestora e os agentes da escola frente a uma escola inclusiva, traz reflexões sobre as legislações vigentes e o trabalho do diretor escolar como condutor na caminhada de construir uma escola com paradigmas inclusivos.

SIMONE MAIA GUERRA

Simone Maia Guerra

Contatos
@saudaçõesinclusivas
professora_simoneguerra@yahoo.com.br
21 96497 9450

Mestranda em Educação pela Universidade Católica de Petrópolis-UCP, bolsista do Programa de Suporte à Pós-Graduação de Instituições Comunitárias de Educação – PROSUC, especialista em Educação Especial, especialista em Gestão Escolar e especialista em Psicopedagogia. Formada em Pedagogia e Educação Física. Gestora Escolar.
ORCID: 0000 – 0002 – 7 858 - 1226

As perspectivas para uma educação inclusiva fundamentam-se em reconhecimentos das diversidades que existem na escola e que garantam acesso e permanência de todos à educação escolar, independentemente das diferenças que existem.

Nesse sentido, todos os profissionais da escola devem participar dessa perspectiva a fim de desenvolver uma escola com esses fundamentos. É necessário que diretores, coordenadores, professores e funcionários compreendam a concepção de uma escola inclusiva e envolvam-se em um trabalho coletivo com diálogo e participação.

Dessa forma, a figura do diretor aparece como peça fundamental para proporcionar, direcionar e incentivar os planos de ação e sua execução, a caminho de uma escola inclusiva.

As legislações já preveem propostas para a gestão escolar em relação aos paradigmas de uma escola inclusiva. Nem sempre as determinações legais expressam esse papel de forma clara, muitos processos não ficam tão explícitos e é necessária a compreensão, comparando as legislações.

Sendo assim, proponho uma análise dessa relação: gestão/escola inclusiva por meio de alguns documentos oficiais para compreendermos melhor essas práticas.

Percursos legais para uma escola inclusiva

Nos processos de inclusão escolar, é necessário considerar as questões legais, uma vez que, fora desse processo, as pessoas com deficiência sofrem segregações sociais que geram sofrimentos.

Somente a garantia de vagas em escolas regulares não dá conta de garantir inclusão, pois a falta de ações para/de uma gestão escolar inclusiva corrobora para vivências dolorosas diárias nos processos de aprendizagem de uma criança ou adolescente com deficiência e/ou transtornos escolares.

Proponho aqui refletir sobre alguns marcos legais que implementam ou ajudam a implementar uma política pública que de fato ofereça garantias de direitos da pessoa humana à educação. É necessário refletir com sensibilidade, pois, em muitos casos, os caminhos para a inclusão requerem mudanças sociais e reestabelecimento de paradigmas.

O direito à educação é estabelecido em nossa carta magna, a nossa Constituição Federal de 1988, que estabelece em seu artigo 206, inciso I, "igualdade de condição de acesso e permanência na escola". Além disso, garante no artigo 208 que a "educação é um dever do Estado" e é efetivado mediante, inciso III, "atendimento educacional especializado aos portadores de deficiência, preferencialmente na rede regular de ensino". Dessa forma, deixa clara a garantia de, além da entrada na escola mediante a efetivação da matrícula em rede regular de ensino, a permanência e as garantias de uma prática inclusiva que beneficie o estudante com deficiência.

Em 1989, promulgou-se a lei nº 7.853 que dispõe do apoio às pessoas com deficiência, estabelecendo normas para assegurar o pleno exercício dos direitos individuais e sociais dos PCDs, garantida em seu artigo 2 no inciso Ia , a inclusão nos sistemas educacionais coloca a educação especial como modalidade educativa abrangendo desde a pré-escola até o ensino médio e enfatiza a atuação complementar da educação especial ao ensino regular.

Em 1990, foi promulgada a Declaração Mundial sobre Educação para todos. Esse documento passa a nortear as políticas públicas da educação inclusiva. Esse documento coloca o gestor escolar como um dos principais responsáveis na promoção do desenvolvimento de uma escola inclusiva, pois tem o dever de fortalecer alianças para garantir uma educação para todos.

Nesse viés, em 1994, foi lançada a Conferência Mundial de Salamanca, na Espanha, que firmou os princípios, políticas e práticas na área da educação especial. Nesse sentido, esse documento norteia a criação de condições para que os sistemas de ensino possibilitem a construção de uma escola inclusiva.

Dessa forma, em 1996, constitui-se no Brasil a Lei de Diretrizes de Base da Educação Nacional – LDB, Lei nº 9.394/96 - que contempla um capítulo inteiro à educação especial. No Capítulo V, o artigo 58 expressa que a educação especial deve ser oferecida preferencialmente no ensino regular e o artigo 59 estabelece a igualdade de condições mesmo nas diferenças físicas ou cognitivas. Também prevê regulamentação de uma gestão democrática e a transformação do PPP – Projeto Político Pedagógico – como um instrumento de mudanças significativas dentro e fora da escola. Assim, quando todos participam do projeto de uma escola, sentem-se responsáveis pelo compromisso gerado coletivamente na garantia de uma escola que atenda a todos, uma escola para todos.

Em 2002, foi construído um documento que fornece subsídios para as práticas pedagógicas inclusivas – os Parâmetros Curriculares Nacionais -, que apresenta um conjunto de ações que garantem o acesso e a permanência do aluno com deficiência no ensino regular, apresentando as adequações necessárias para essa garantia.

Avançando um pouco mais na trajetória legal para uma educação inclusiva, chegamos à LBI – Lei Brasileira de Inclusão, conhecida como Estatuto da Pessoa com deficiência, que traz quatro grandes marcos, que destaco aqui: Pessoas com deficiência – ficou instituído que pessoa com deficiência é aquela que possui um impedimento, seja de natureza física, intelectual, mental ou sensorial. Além disso, o impedimento deve conter uma característica: ser uma condição de longo prazo. O legislador também explica que esse impedimento é aquele que prejudica a participação plena e efetiva em sociedade por parte das pessoas com deficiência.

Para além da legislação

É necessário reafirmar a postura de uma equipe gestora frente à educação inclusiva, é importante adotar medidas que garantam a efetivação de práticas inclusivas em toda escola, pois o aluno pertence a toda a escola e não apenas ao professor y ou x.

Dessa forma, é indispensável a elaboração de uma proposta pedagógica com objetivos diretos e claros, que se preocupe com as potencialidades do aluno, que ofereça um currículo de acordo com o ritmo de aprendizado de seus aprendentes, que perpasse os caminhos de apenas adaptações arquitetônicas e caminhe para um processo de identificação da capacidade da própria instituição de ensino e que reveja suas metodologias de forma a auxiliar na motivação do estudante além de fixar o olhar no aluno e nas suas aprendizagens e não em apenas avaliá-las.

Ser uma escola inclusiva não é um querer ou não querer, é uma obrigação legal e, como tal, não cabe mais desculpas, como não estamos preparados. É dever da escola estar preparada para todos, independentemente de suas diferenças. Acredito que essa mentalidade deve partir da gestão escolar para articular junto a sua equipe posturas e práticas que garantam uma escola inclusiva que abrace as potencialidades independente das diferenças que nos cercam.

De nada adiantam as conquistas de direitos se as ações na prática caminham opostamente. A concretude de uma escola inclusiva não é tarefa para uma pessoa apenas, ela requer muito mais, requer uma ação conjunta, na qual direção, coordenação, professores, pais e governantes sejam agentes gestores e geradores de condições e de recursos para uma educação completa, justa e igualitária.

Para as próximas discussões

Nessa perspectiva, compreendo que a atuação da gestão tem grande importância na construção de uma escola inclusiva. Porém, um dos grandes desafios é garantir um ensino de qualidade para todos de acordo com suas singularidades.

Hoje, nossa maior dificuldade para construir uma escola inclusiva são as barreiras de organização e de currículo que dificultam a permanência, bem como a aprendizagem dos estudantes com deficiência e/ou transtornos.

Portanto, o gestor pode organizar e propor a sua equipe práticas que garantam adaptações para que as potencialidades sejam contempladas, respeitando as qualidades e interesses de seus alunos

Referências

ARANHA, M. S. F. *Projeto Escola Viva garantindo o acesso e permanência de todos os alunos na escola: Alunos com necessidades educacionais especiais/ Adaptações Curriculares de Pequeno Porte*. Brasília: MEC/SEE, 2000b.

BRASIL. Câmara dos Deputados. *Plano Nacional de Educação*. Brasília: 09 jan. de 2001.

BRASIL. *Declaração Mundial sobre Educação para Todos*. Brasília: Ministério da Educação, 1990.

BRASIL. Lei n. 9.394/96, *Lei de Diretrizes e Bases da Educação Nacional*. Brasília: Ministério da Educação – Imprensa Oficial, 1996.

BRASIL. Lei n. 13.146/15, *Lei Brasileira de Inclusão (Estatuto da Pessoa com Deficiência)*. Brasília, 2015.

BRASIL. *Parâmetros curriculares nacionais – adaptações curriculares: estratégias para educação de alunos com necessidades especiais*. Brasília: Ministério da Educação e do Desporto; Secretaria de Educação Fundamental, 1998.

BRASIL. *Parecer n.º 17, Diretrizes Nacionais para a Educação Especial, na Educação Básica*. Brasília: Conselho Nacional de Educação, 2001.

BRASIL. *Política Nacional de Educação Especial na Perspectiva da Educação Inclusiva*. Versão preliminar, 2007.

RODRIGUES, D. Dez ideias (mal) feitas sobre a educação inclusiva. In: RODRIGUES, D. (Org.). *Inclusão e educação: doze olhares sobre a educação inclusiva*. São Paulo: Summus, 2006, pp. 299-318.

SAGE, D. D. Estratégias Administrativas para a realização do ensino inclusivo. In: STAINBACK, S; STAINBACK, W (Orgs.). *Inclusão: um guia para educadores*. Porto Alegre: Artes Médicas, 1999. pp. 129-141.

SANT'ANA, I. M. Educação Inclusiva: concepções de professores e diretores. In: *Psicologia em estudo*, Maringá, v. 10, n. 2, maio/ago, 2005, pp. 227-234

UNESCO. *Declaração de Salamanca: sobre princípios, políticas e práticas na área das necessidades educacionais especiais*. 1994. Disponível em: <http://portal.mec.gov.br/seesp/arquivos/pdf/salamanca.pdf>. Acesso em: 15 fev. de 2021.

"AUTISMO: UM MUNDO DE EXPECTATIVAS"
DA PRESENÇA DOS CUIDADORES NAS TERAPIAS AO DESENVOLVIMENTO INFANTIL, UMA DÍADE NECESSÁRIA

Estar ou não dentro de uma sala de terapia do meu filho? Eis uma questão dotada de paradoxos entre famílias e terapeutas. Inúmeras são as discussões que versam sobre duas vertentes: os cuidadores precisam estar presentes na terapia para aprender a estimular as crianças e/ou os cuidadores atrapalham o processo terapêutico, minimizando a criação de vínculos entre criança e terapeuta?

**SOCORRO RIBEIRO
E YLOMA ROCHA**

Socorro Ribeiro

Contatos
clinicacomunicar@hotmail.com
Instagram: clinicacomunicar
86 99988 4519

Fonoaudióloga. Diretora e responsável técnica do Centro de Desenvolvimento Infantil. Especialista em Audiologia. Especialista em Gestão de Saúde. Especialista em Intervenções Precoces no Autismo (baseado em modelo Denver). Especialista em Ciências Neurológicas. Certificação em PECS Avançado. Formação continuada em VB-MAPP. Capacitada em Dificuldades Alimentares no Autismo. Formação continuada em Análise do Comportamento Aplicada-ABA. Idealizadora do Projeto Amor Maior para crianças autistas.

Yloma Rocha

Contatos
ylomafernandarocha@hotmail.com
Instagram: ylomafernandarocha
86 99969 6996

Psicóloga. Pedagoga. Psicopedagoga. Mestre em Saúde Mental e Transtornos Aditivos pelo Hospital de Clínicas de Porto Alegre (UFRGS). Especialista em Dificuldades de Aprendizagem (SP). Especialista em Docência do Ensino Superior. Formação continuada em ABA. Supervisora clínica no Centro de Desenvolvimento Infantil. Docente no ensino superior. Autora do livro *Rompendo silêncios*.

No presente capítulo, discutiremos a problemática acerca da presença ou não dos pais e/ou cuidadores na sala de terapias das crianças com Transtorno do Espectro Autista-TEA, denotando, em linhas gerais, que, quando se trata de tratamento terapêutico, consideram-se distintas premissas, entre elas: deve ser baseado em evidências científicas, devido às chances de melhores prognósticos e que não se deve generalizar tratamento, cada criança possui seu plano terapêutico.

Nesse contexto, o Manual Diagnóstico e Estatístico de Transtornos Mentais-DSM-5 (2013) descreve que o Transtorno do Espectro Autista se caracteriza por déficits na comunicação e na interação social em múltiplos contextos, incluindo déficits na reciprocidade social, em comportamentos não verbais de comunicação usados para interação social e em habilidades para desenvolver, manter e compreender relacionamentos. Ademais, apresentam um sistema sensorial alterado com implicações nos comportamentos. Assim, com relação aos déficits na comunicação social, o diagnóstico requer a presença de padrões restritos e repetitivos de comportamentos, interesses ou atividades.

Dessa forma, deve-se considerar que os sintomas mudam com o desenvolvimento e intervenções com as crianças, podendo apresentar comorbidades e/ou sendo mascarados por mecanismos compensatórios (APA, 2013). Os critérios diagnósticos devem ser preenchidos de forma retrospectiva, considerando os prejuízos atuais, bem como com a ajuda de uma equipe multidisciplinar que envolve neuropediatras, psiquiatras infantis, psicólogos, fonoaudiólogos, terapeutas ocupacionais, psicopedagogos e pedagogos. Todos esses profissionais contribuem para o fechamento do diagnóstico com um olhar diferenciado e baseado nos prejuízos referidos às suas áreas de atuação. Ademais, deve-se considerar que o autismo não possui marcador biológico e o exame é eminentemente clínico com aplicação de protocolos e escalas que consideram os marcos do desenvolvimento infantil.

Destarte, após o diagnóstico fechado ou com hipótese diagnóstica, deve-se trabalhar os prejuízos presentes nas diversas áreas do desenvolvimento infantil, formalizando-se um tratamento com intervenções com distintas modalidades. Sob aspectos gerais, as intervenções terapêuticas são realizadas com base na avaliação da equipe multidisciplinar.

Essa equipe possui um olhar baseado nos aspectos epistemológicos de sua área de atuação e deve trabalhar considerando sua especialidade, mas de forma congruente com a equipe para formalizar uma intervenção fidedigna.

Quando ressaltamos intervenção fidedigna, estamos tratando de intervenções e/ou práticas baseadas em evidência científica, que são baseadas em conhecimento científico, que foram testadas e comprovadas, denotando maior probabilidade de sucesso no tratamento. O paradigma baseado em evidências postula que existem alguns métodos de intervenção que são mais eficazes do que outros, e que os profissionais devem ser obrigados a usar esses métodos como primeiro recurso para abordar os problemas associados a transtornos do neurodesenvolvimento ou transtornos comportamentais (KASARI; SMITH, 2013).

O marco diferencial das intervenções terapêuticas no tratamento do autismo

Intervenções terapêuticas são conjuntos de técnicas eficazes para a intervenção clínica ou não, baseadas em evidências científicas, que contribuem para o desenvolvimento de habilidades que estão em prejuízo e comportamentos disruptivos para as crianças no espectro, abrangendo as diversas especialidades sob o enfoque do sujeito como um ser biopsicossocial (ROGERS; DAWSON, 2014).

Assim, as terapias fazem parte do tratamento das crianças e adolescentes com TEA, em que o diferencial é a presença da família nesse escopo.

As famílias de crianças e adolescentes com autismo apresentam-se muitas vezes ansiosas no início do tratamento. Em especial, as mães tendem a ser mais afetadas; segundo elas, pelas baixas expectativas acerca do futuro dos filhos.

Nesse contexto, o primeiro passo após a avaliação da equipe e a identificação dos prejuízos das áreas correlatas é a formalização de um Plano de Atendimento Terapêutico-PAT, que consiste em um plano de ação de tratamento que considera todas as necessidades individuais do sujeito, desenvolve habilidades que serão relevantes para a criança ou adolescente em seu ambiente natural, subsidiando a maximização de sua autonomia, engajamento social e qualidade de vida.

Segundo Teixeira e Gaiato (2018), as recomendações das diretrizes mundiais, como as da Academia Americana de Psiquiatria da Infância e Adolescência, Academia Americana de Pediatria e do Centro de Controle e Prevenção de Doenças (CDC), enfatizam a relevância de intervenções terapêuticas conjuntas, mas que devem ser decididas pela equipe terapêutica com base na individualidade da criança e da família.

Dessa forma, as modalidades terapêuticas utilizadas são: psicoeducação, treinamento e suporte para a família, grupos de apoio, mediação escolar, acompanhante terapêutico, PEI (Plano Educacional Individual) da escola, terapia comportamental, fonoaudiologia, treinamento de habilidades sociais, medicação, terapia ocupacional e integração sensorial. Entretanto, vale ressaltar que existe distinção de modalidades terapêuticas relacionadas a diagnóstico e que o Plano de Atendimento Terapêutico pode estar contido nas terapias comportamentais ou treino de habilidades. Destarte, o Plano de intervenção é um conjunto de procedimentos e instrumentos de intervenções articulado que foca nos déficits e excessos comportamentais identificados na avaliação inicial de cada criança e que respeita uma hierarquia de prioridades de intervenção, inserindo-se no desenvolvimento de habilidades primárias (autocuidado, atividades da vida diária), como habilidades secundárias (por exemplo, conteúdo formativo escolar), atingindo, assim, um nível de abrangência (SELLA; RIBEIRO, 2018).

Dentre as modalidades supracitadas, as terapias comportamentais de fonoaudiologia, terapia ocupacional, treinamento de habilidades sociais e integração sensorial, podem ocorrer em ambientes distintos, como em casa ou na clínica. Não obstante, no que se trata do âmbito clínico, surgem os paradoxos. A família deve ou não participar da terapia ou do treino dentro do consultório?

Sobre essa indagação, não existe, com base na literatura disponível, uma resposta exata e congruente acerca dessa problemática, uma vez que o indivíduo e seu tratamento são únicos e pautados na avaliação e no marco de desenvolvimento.

Vale destacar que, quando se fala da ciência para com sujeitos, não podemos engessar nem pensar com base nas ciências exatas, haja vista que estamos lidando com sujeitos, suas personalidades, e todo um processo sócio-histórico-cultural de aprendizagens distintas, mesmo dentro do Espectro.

A literatura é unânime ao abordar que a participação dos pais é de extrema importância, e que estes devem estar cientes dos objetivos da sessão e de quais são os limites e potencialidades desta, com estabelecimento de objetivos a curto, médio e longo prazo. Nesse ínterim, os pais devem aprender a trabalhar com o seu filho em casa e nos diversos ambientes, pois o estímulo deve ocorrer em todos os âmbitos nos quais a criança estabelece contato.

Sob esse contexto, Lima (2015) coloca uma perspectiva: as primeiras sessões devem ocorrer sem a presença dos pais desde que se sintam bem com a separação. Caso os pais tiverem de ficar, a autora afirma que deverão sair da sessão posteriormente para que o terapeuta consiga estabelecer uma relação com a criança, assim como manejar o comportamento dela sem ser necessária a ajuda dos pais, levando a um bom rendimento da sessão. Porém, essa decisão não pode ser colocada de forma linear para todas as crianças com espectro.

Entretanto Moura, Andrade e Cruz (2017) enfatizam os prós e contras da participação ativa e observacional dos pais na sala de terapia. Portanto, no que tange ao atendimento da criança em consultório com a observação dos pais, tem-se como efeitos positivos a organização de um contexto de ensino estruturado e apropriado para a aprendizagem dos comportamentos adequados. O terapeuta serve de modelo para os pais aprenderem como estimular os filhos. Em contrapartida, as autoras descrevem como pontos não relevantes que os pais podem ter dificuldades de efetivar diariamente a prática realizada em consultório, subsidiando sentimentos de incapacidade sobre a forma de intervir após a demonstração do terapeuta.

Nesse último contexto, propomos que o terapeuta deve deixar claro à família que essa aprendizagem de efetivar o estímulo de habilidades em casa por parte da família é processual e que, embora a família seja ponto central para o desenvolvimento do filho, os papéis são distintos.

Vale denotar que essa participação ativa dos pais no consultório subsidia a aprendizagem da organização de um contexto de ensino estruturado com modelos, bem como o terapeuta pode apontar para os pais os erros e acertos, ajudando-os a fazer a intervenção correta em casa. Assim, facilita-se a generalização de habilidades pela criança, uma vez que o treino é realizado por diversas pessoas. Como pontos negativos, coloca-se que o terapeuta não tem a oportunidade de explicar detalhadamente os procedimentos para a família, uma vez que está interagindo o tempo todo com a criança dentro da sala de terapia (MOURA, *et al*, 2017).

Entretanto, considerando o último contexto, isso pode ser solucionado com as práticas de treinamento parental e psicoeducação. O treinamento parental ultrapassa as orientações sobre as intervenções que podem ser feitas em domicílio, denota questões particulares da terapia e do plano para se entender o processo.

A efetividade do treinamento parental não exclui a inserção ou presença dos pais na sala de terapia ou, caso seja necessário, em outros processos terapêuticos. O que se deve considerar são os objetivos que se deseja alcançar em consonância com a família. Assim, treinamento parental, participação ativa da família/cuidadores nas terapias ou em outros tipos de tratamento são processos distintos, mas que se relacionam e contribuem com o sucesso do tratamento.

Considerações finais

A presença dos pais em terapia é discussão que não se esgota no âmbito clínico e acadêmico acerca de tratamentos terapêuticos para com as crianças autistas. De forma geral, a participação dos pais nesse processo é relevante, de forma direta ou indireta. Presentes ou não na sala de terapia, eles precisam estar presentes nas estimulações das habilidades das crianças.

Vale enfatizar que a decisão deve ser embasada em uma prévia avaliação e necessidade do cliente/paciente e que os casos são tratados de forma individual. Porém, a presença do cuidador pode ocorrer indiretamente com uso de tecnologias em tempo real (como uso de câmeras, aplicativos) em que o pai, pela observação passiva, aprende e apreende os pressupostos de intervenção para estimulação e treino de habilidades das crianças, com vistas ao seu desenvolvimento pleno sob a ótica do Transtorno do Espectro Autista.

Referências

AMERICAN PSYCHIATRIC ASSOCIATION. *Diagnostic and statistical manual of mental disorders (DSM-5)*. Washigton, D.C.; APA, 2013.

GAIATO, M; TEIXEIRA, G. *O Reizinho autista: guia para lidar com comportamentos difíceis*. São Paulo: Nversos, 2018.

KASARI, C.; SMITH, T. Interventions in school for children with autism spectrum disorder: Methods and recommendations. In: *Autism*, 17, 2013. pp. 254-267.

LIMA, C.B. *Perturbações do espectro do autismo*. Lisboa: Lidel, 2012.

MOURA, V. L. C; ANDRADE, A. A.; CRUZ, L. L. P. "Atendimento à criança". In: JUNIOR, W. C. *Intervenção precoce no autismo: guia multidisciplinar de zero a quatro anos*. Belo Horizonte: Artesã, 2017.

ROGERS, S. J.; DAWSON, G. *Intervenção precoce em crianças com autismo*. Lisboa: Lidel, 2014.

SELLA, A.C.; RIBEIRO, D. M. *Análise do comportamento aplicada ao Transtorno do Espectro Autista*. Curitiba: Appris, 2018.

23

A IMPORTÂNCIA DAS HABILIDADES PSICOMOTORAS EM CRIANÇAS COM TRANSTORNO DO ESPECTRO AUTISTA (TEA)

Neste capítulo, vamos abordar como o corpo em movimento pode contribuir para o desenvolvimento de crianças com Transtorno do Espectro Autista (TEA) e a importância da estimulação precoce para o melhor desempenho das habilidades motoras, sociais, cognitivas e comunicativas.

SONAIRA FORTUNATO PEREIRA

Sonaira Fortunato Pereira

Contatos
sonairaf@gmail.com
Instagram: @sofortunato
18 99749 8473

Educadora física graduada pela UNESP (2007), com pós-graduação em Educação Física Inclusiva (UEL - Universidade Estadual de Londrina) e em Tecnologias Educacionais Para a Prática Docente no Ensino da Saúde na Escola (ENSP/FIOCRUZ - Escola Nacional de Saúde Pública).

Como um indicador inicial significativo do neurodesenvolvimento ao longo da infância, a função motora está intimamente relacionada ao Transtorno do Espectro do Autismo (TEA) (LORD; HARRIS, 2017). As evidências atuais sugerem que crianças com TEA apresentam déficits de interação sensório-motoras com maior frequência do que o observado em crianças típicas (PERIN *et al*, 2020). Estudos observacionais mostraram que a hipotonia muscular está presente entre 15 e 67% das crianças com TEA durante os primeiros cinco anos de vida (PAQUET, *et al*, 2017).

Os aspectos do desenvolvimento motor dos indivíduos com TEA não são utilizados como critérios de diagnóstico, porém alguns autores como mencionados no artigo de Liu (2013) discutem sobre a inserção desses padrões motores deficitários nesses critérios, alegando que habilidades motoras comprometidas, diagnosticadas previamente, requerem uma intervenção precoce e, com isso, algumas dificuldades cognitivas e sociais poderiam ser minimizadas, como afirmado por Lloyd, MacDonald e Lord (2013). Para esses autores, as atividades motoras finas e globais podem acarretar implicações e déficits para habilidades sociais de comunicação.

Além de atrasos no desenvolvimento motor, bebês e crianças com TEA frequentemente apresentam outras implicações neuromotoras, como hipotonia, apraxia e déficits no controle postural. Estudos retrospectivos de vídeos de bebês com suspeita e posteriormente diagnosticadas com TEA mostraram atrasos ou anormalidades nas reações de correção ao rolar em decúbito dorsal para a posição propensa e ausência de respostas referentes aos reflexos protetores ao sentar, bem como atrasos em marcos motores brutos, de acordo com avaliação instrumentalizada pela Escala Motora Infantil de Alberta (AIMS).

Há um consenso razoável de que atrasos motores durante o primeiro ano de vida podem representar um pródomo de TEA, embora possam ser pistas também para outras deficiências de desenvolvimento motor, outros distúrbios da comunicação social, ou atraso de desenvolvimento global.

Durante o processo de maturação e desenvolvimento da criança, os ganhos funcionais, cognitivos e relacionais se entrelaçam e se suportam, definindo um perfil psicomotor individual ao sujeito. Porém, mesmo que existam padrões de desenvolvimento, os quais definem que certas competências são adquiridas em um determinado período, as experiências individuais que a criança troca com seu meio é que vão definir a qualidade e eficiência destas aquisições.

Busca-se por meio de referências básicas sobre as aquisições funcionais (motoras), cognitivas e relacionais (emocionais e sociais) mapear o que é "esperado" dentro de um desenvolvimento neurológico e psicológico nas crianças de determinada faixa etária.

Tendo o conhecimento dos estágios pelos quais a criança passa até que possa se individualizar, pode-se estimulá-la adequadamente a buscar novas conquistas, respeitando sua real capacidade e seu ritmo maturacional. De acordo com a teoria de Piaget (1970), as aquisições de cada estágio de desenvolvimento são cumulativas, ou seja, as habilidades adquiridas nos estágios anteriores não são perdidas a caminho de novos estágios. A estimulação psicomotora se estabelece, então, como um instrumento facilitador de novas formas de comunicação e aprendizagem, seguem os quadros baseados na estruturação das unidades.

- **Indicadores de Desenvolvimento**

Interação social		
0 a 6 meses	Por volta dos 3 meses de idade, a criança passa a acompanhar e a buscar o olhar de seu cuidador.	Em torno dos 6 meses de idade, é possível observar que a criança presta mais atenção a pessoas do que objetos ou brinquedos.
6 a 12 meses	As crianças começam a apresentar comportamentos antecipatórios (ex.: estender os braços e fazer contato visual para pedir colo) e imitativos (ex.: gesto de beijo).	
12 a 18 meses	Dos 15 aos 18 meses, a criança aponta (com o dedo indicador) para mostrar coisas que despertam a sua curiosidade. Geralmente, o gesto é acompanhado por contato visual e, as vezes, sorrisos e vocalizações (sons). Em vez de apontaram, elas podem "mostrar" as coisas de outra forma (ex.: colocando-as no colo da pessoas ou em frente aos seus olhos).	

18 a 24 meses	A criança, em geral, tem iniciativa espontânea de mostrar ou levar objetos de seu interesse ao cuidador.	A criança já segue o apontar ou o olhar do outro em várias situações.	Há interesse em pegar objetos oferecidos pelo seu parceiro/cuidador. A criança olha para o objeto e para quem o oferece.
24 a 36 meses	Os gestos (o olhar, o apontar etc.) são acompanhados pelo intenso aumento na capacidade de comentar e/ou fazer perguntas sobreobjetos e as situações que estão sendo compartilhadas. A iniciativa da criança em apontar, mostrar e dar objetos para compartilhá-los com o adulto aumenta com frequência.		

- **Sinais de Alerta**

0 a 6 meses
Não acompanhar ou buscar os olhos de seu cuidador. Prestar mais atenção em objetos do que em pessoas.
6 a 12 meses
Apresentar dificuldades relacionadas aos movimentos antecipatórios e imitativos.
12 a 18 meses
Ausência ou raridade no gesto de apontar, acompanhado de vocalizações e sorrisos.
18 a 24 meses
Ausência de interesse em pegar objetos ofertados pelas pessoas ou pegá-los somente após muita insistência. Dificuldades em seguir o apontar dos outros, não olhar para o alvo ou olhar somente para o dedo de quem está apontando, além de não alternar o olhar entre a pessoa que aponta e o objeto que está sendo apontado.
24 a 36 meses
Os gestos e comentários em resposta ao adulto tendem a aparecer isoladamente ou após muita insistência. As iniciativas são raras. Tal ausência é um dos principais sinais de alerta.

- **Indicadores de Desenvolvimento**

Alimentação	
0 a 6 meses	Amamentação é um privilegiado de atenção, por parte da criança, aos gestos, expressões faciais e a fala do cuidador.
6 a 12 meses	Período importante, porque serão inseridos texturas e sabores diferentes (sucos, papinhas) e, sobretudo, porque será iniciado o desmame.
12 a 18 meses	A criança gosta de descobrir as novidades na alimentação, embora possa resistir um pouco no início.
18 a 24 meses	A criança já participa das cenas alimentares cotidianas (café, almoço e jantar). É capaz de estabelecer separação dos alimentos pelo tipo de refeição ou situação. Há início do manuseio dos talheres. Alimentação contida ao longo do dia.
24 a 36 meses	Período importante porque em geral, ocorre o desmame, inicia a passagem dos alimentos líquidos/pastosos, frios/mornos para alimentos sólidos/semissólidos, frios/quentes/mornos, doces/salgados/amargos; começa a introdução da cena alimentar (mesa/cadeira/utensílios) e a interação familiar/social.

- **Sinais de Alerta**

0 a 6 meses
Dificuldade, por parte da criança, em se atentar aos gestos, voz e movimentos durante amamentação.
6 a 12 meses
Apresentar resistência a mudanças e novidades na alimentação.
12 a 18 meses
Resistência à introdução de novos alimentos.
18 a 24 meses
Continua resistindo às mudanças alimentares e/ou insistência em algum tipo de alimento, mantendo, por exemplo, a textura, cor, consistência etc. Pode, sobretudo, resistir em participar da cena alimentar.

24 a 36 meses
Dificuldades em participar das cenas alimentares, permanece na mamadeira, recusa alimentar, pode passar por longos períodos sem comer, pode se alimentar somente se a comida for servida na boca ou só comer sozinho etc.

- **Indicadores de Desenvolvimento**

Brincadeiras			
0 a 6 meses	Olha para o objeto e explora de diferentes formas (sacode, atira, bate etc.).		
6 a 12 meses	Começam as brincadeiras sociais (ex.: esconde-esconde). A criaça passa a procurar o contato visual para manutenção da interação.		
12 a 18 meses	O jogo de faz de conta emerge por volta dos 15 meses e deve estar presente de forma mais clara aos 18 meses de idade.	A brincadeira exploratória é ampla e variada. A criança gosta de descobrir os diferentes atributos (textura, cheira, gosto etc.) e as funções dos objetos (sons, luzes, movimentos etc.).	
18 a 24 meses	Costumam reproduzir o cotidia-do por meio de um brinquedo ou brincadeira. Descobrem a função social dos brinquedos (ex.: fazem o animalzinho andar e produzir sons).	As crianças usam brinquedos para imitar as ações dos adultos (ex.: dão mamadeira para boneca, comidinha utilizando uma colher, falam ao telefone etc.) de forma frequente e variada.	
24 a 36 meses	Gosta de brincar perto de outras crianças e demonstra interesse em se aproximar, tocar e deixar-se tocar.	Aos 16 meses, a criança gosta de propor/engajar-se em brincadeiras com outras da mesma faixa etária.	Brincadeiras com a utilização de um objeto fingindo que é outro (bloco de madeira pode ser um carrinho, caneta um avião etc.). A criança brinca imitando os papéis dos adultos (de casinha, médico etc.) construindo cenas ou estórias. Ela própria e/ou seus bonecos são os personagens.

- **Sinais de Alerta**

0 a 6 meses
Ausência ou raridade de comportamentos exploratórios.
6 a 12 meses
Necessita de muita insistência do adulto para se engajar nas brincadeiras.
12 a 18 meses
Exploração reduzida dos objetos e, muitas vezes, fixação em algumas das partes sem explorar suas funções (Ex.: passa mais tempo girando a roda de um carrinho do que empurrando-o); Não realiza jogos de "faz de conta".
18 a 24 meses
Continua resistindo às mudanças alimentares e/ou insistência em algum tipo de alimento, mantendo, por exemplo, a textura, cor, consistência etc. Pode, sobretudo, resistir em participar da cena alimentar.
24 a 36 meses
Ausência de brincadeiras imaginárias e quando as realiza, executa-as de maneira repetitiva e pouco criativa. Afastam-se ou ignoram outras crianças, limitam-se a observar brevemente outras crianças à distância. Apresentam dificuldades em entender brincadeiras com outras crianças (quando aceitam participar).

- **Indicadores de Desenvolvimento**

Linguagem			
0 a 6 meses	No início, o choro é indiscriminado. Por volta dos 3 meses, há o início de diferentes formatações de choro: choro de fome, birra, sono etc. Esses formatos diferentes estão ligados ao momento e/ou a um estado de desconforto.	A criança parece ter atenção à (meloia da) fala humana. Após os 3 meses, ela já identifica a fala de seu cuidador, mostrando reações corporais. Apresenta expressões para sons ambientais (ex.: susto, choro, tremor etc.).	Balbucios intensos e indiscriminados, bem como gritos aleatórios de volume e intensidade variados. Por volta dos 6 meses, inicia-se uma discriminação nestas produções sonoras.

6 a 12 meses	Choro bastante diferenciado e gritos menos aleatórios.	Balbucio se diferenciando. Risadas e sorrisos.	Atenção a convocações (preste atenção à fala materna oudo cuidador e começa a agir como se conversasse, respondendo com gritos balbucios e movimentos corporais).	A criança começa a atender ao ser chamada pelo nome.	A criança começa a repetir gestos de acenos e palmas. Começa também a mostrar a língua, dar beijo etc.

- **Sinais de Alerta**

0 a 6 meses
A criança ignora ou apresenta pouca resposta aos sons de fala.
Tende ao silêncio e/ou gritos aleatórios.
Choros sem distinção em diferentes ocasiões e pode ter frequentes crises de choro duradouras, sem ligação aparente a evento ou pessoa.
6 a 12 meses
Gritos exagerados e choro indiscriminado, criando uma dificuldade para o seu cuidador entender suas necessidades.
Silêncio e a não manifestação de amplas expressões faciais com significado.
Tendência a não agir de acordo com a conversa.
Reações apenas após insistência ou toque.
Não repete gestos (manuais e/ou corporais) em resposta a uma solicitação ou pode passar a repeti-los fora do contexto, aleatoriamente.
12 a 18 meses
Ausência das primeiras palavras nesta faixa etária.
Fala com repetição, sem autonomia.
Dificuldade em ampliar sua compreensão em novas situações.
Ausência ou poucas variações na expressão facial ao se comunicar, a não ser expressões de alegria, excitação, raiva ou frustração;

18 a 24 meses
Presença de ecolalia. Não utilização de gestos e/ou uso aleatório. Respostas gestuais, como acenar com a cabeça para "sim" e "não", também podem estar ausentes entre os 18 e os 24 meses.
24 a 36 meses
Repetição de fala de outras pessoas sem relação com a situação de comunicação. Apresenta dificuldades ou desinteresse em narrativas referentes ao cotidiano. Pode repetir fragmentos de relatos e narrativas, inclusive de diálogos, em repetição e de forma independente da participação da outra pessoa. Apresenta ecolalia. A distinção de gênero, número e tempo não acontece. Cantos e versos só são recitados em repetição aleatória. A criança não "conversa" com o adulto.

Desenvolvimento motor e aquisição de habilidades em TEA

Os aspectos motores não fazem parte dos critérios da pessoa com autismo, porém muitos estudos apontam que crianças diagnosticadas com Transtorno do Espectro do Autismo apresentam atrasos motores consideráveis.

Observamos uma crescente consideração entre os profissionais da área sobre os aspectos motores no processo diagnóstico e interventivo no TEA. Harris (2017) afirma que, durante o primeiro ano de vida, o pediatra não deve descartar a possibilidade de autismo em bebês com os seguintes comportamentos motores: hipotonia, apraxia e déficits no controle postural. No entanto, mesmo sem um diagnóstico definitivo, é necessário que a criança receba mais estímulos sensório-motores.

Frente aos possíveis atrasos no desenvolvimento motor da criança com TEA, os exercícios físicos e as atividades motoras vêm sendo utilizados como um recurso de estimulação à aquisição de habilidades. Neste sentido, deve-se considerar a intervenção motora precoce, tendo em vista os aspectos de neuroplasticidade, ou seja, a capacidade do cérebro de se modificar em função de mudanças ocorridas no ambiente, como também o momento de maior ação da plasticidade cerebral no período da primeira infância (0 a 6 anos). Sabemos, por meio de estudos na área, que alunos fisicamente ativos apresentam maior facilidade no processo de aprendizagem, apresentando melhor desempenho nas habilidades cognitivas como memória, atenção, percepção e funções executivas.

O aumento de vascularização/fluxo sanguíneo cerebral durante a prática de exercícios físicos contribui diretamente no processo da plasticidade cerebral, gerando um aumento na atividade de neurotransmissores, promovendo, assim, adaptações em estruturas cerebrais e plasticidade sináptica. Neste sentido, Vorkapic-Ferreirra (2017) afirma que as vivências motoras também são capazes de aumentar a proliferação de células da glia em camadas superficiais, córtex motor e córtex pré-frontal, influenciando também a morfologia de neurônios recém-nascidos - o que sugere que os efeitos do exercício são tanto quantitativos quanto qualitativos.

O desenvolvimento da plasticidade cerebral não depende da intensidade do estímulo/exercício, mas de novas e constantes aprendizagens, pois quando a tarefa já foi aprendida, ocorrem reduções de áreas encefálicas ativadas, bem como menor recrutamento de sinapses. No TEA, sabemos que o processo de poda neural ou apoptose, que é o sistema de "limpeza" das sinapses menos utilizadas, pode ser mais intenso e, por este motivo, algumas vezes, determinadas habilidades emergem, porém, apesar da morte dos neurônios ser um processo irreversível, não pode ser considerado como um quadro irreversível e, no entanto, a estimulação motora vem como uma grande aliada nas conquistas do desenvolvimento global e no processo de aprendizagem de novas habilidades.

Referências

BRASIL. Ministério da Saúde. *Diretrizes de Atenção à Reabilitação da Pessoa com Transtornos do Espectro do Autismo (TEA)*. Brasília, DF: Ministério da Saúde, 2014. Disponível em: https://bvsms.saude.gov.br/bvs/publicacoes/diretrizes_atencao_reabilitacao_pessoa_autismo.pdf>. Acesso em: 07 jun. de 2022.

GUEDES, T. A. L. Contexto histórico, epidemiologia e causas relacionadas aos Transtornos do Espectro do Autismo. In: UNIVERSIDADE ABERTA DO SUS. UNIVERSIDADE FEDERAL DO MARANHÃO. *Atenção à Pessoa com Deficiência I: Transtornos do espectro do autismo, síndrome de Down, pessoa idosa com deficiência, pessoa amputada e órteses, próteses e meios auxiliares de locomoção.* São Luís: UNA-SUS; UFMA, 2021.

HARRIS, S. R. Early motor delays as diagnostic clues in autism spectrum disorder. In: *European journal of pediatrics*, v. 176, n. 9, 2017, p. 1259-1262.

LURIA, A. R. *Fundamentos de neuropsicologia.* São Paulo: EdUSP, 1981.

PIAGET, J. *O nascimento da inteligência na criança*. Rio de Janeiro: Zahar, 1970.

SANTOS, E. C. F; MÉLO, T. R. Caracterização Psicomotora de criança autista pela escala de desenvolvimento motor. In: *Eletrônica interdisciplinar* [online]. 2018, v.11, n. 1, p. 50-58. ISSN 1983-8921.

LIU, T; BRESLIN, C. M. The effect of Picture activity schedule on performance of the MABC-2 for children with autism spectrum disorder. In: *Res. Q. Exerc. Sport*, 84 (2), 2013, p. 206-12.

LLOYD, M; MACDONALD, M; LORD, C. Motor skills of toddlers with autism spectrum disorders. In: *Autism*, 17 (2), 2011, p. 133 - 46.

MACDONALD. M.; LORD, C.; ULRICH, S. A. The Relationship of motor skills and social Communicative skills in school-aged children with autism spectrum disorder. In: *APAQ*, volume 30, Issue 3, July 2013.

PAQUET, A; GOLSE, B.; GIRARD, M; GOLSE, B; VAIVRE-DOURET L. Evaluation of neuromuscular tone phenotypes in children with autism spectrum disorder: An exploratory study. In: *Elsevier Masson*. 2017. Disponível em: <https://www.sciencedirect.com/science/article/abs/pii/S0987705317300540?via%3Dihub>. Acesso em: 06 jun. de 2022.

VORKAPIC-FERREIRA, C. *et al.* Nascidos para correr: a importância do exercício para uma saúde do cérebro. In: *Rev Bras Med Esporte* [online]. 2017, vol. 23, n.6, pp.495-503. ISSN 1517-8692.

INTERVENÇÃO PRECOCE
NOSSA HISTÓRIA

A intervenção precoce é apontada pelos especialistas como ideal para o desenvolvimento de crianças atípicas, pois quanto antes forem iniciadas as intervenções, melhor a resposta ao tratamento. Quando há a demora dos pais em aceitar ou procurar orientação profissional, isso pode significar que etapas serão puladas ou mau desenvolvidas, o que afetará a aquisição de novas habilidades no futuro.

VANESSA BORATO MAFRA

Vanessa Borato Mafra

Contatos
www.educacaoatipica.com
contato@educacaoatipica.com
Instagram: @educacao_atipica
Facebook: @educacaoatipica
11 99938 5981 / 11 95976 8708

Pedagoga graduada pela Faculdade Anhanguera de Jundiaí (2022); graduada em Administração de Empresas pela Faculdade Anhanguera de Jundiaí (2009); pós-graduada em Administração de Empresas pela FGV Jundiaí (2012). Mãe de autista e engajada em melhorar a educação de crianças com necessidades especiais por meio de palestras e cursos relacionados ao desenvolvimento e preparação de pais, professores e cuidadores de crianças com necessidades especiais.

Nossa história com o autismo é semelhante e ao mesmo tempo diferente da experiência de outras famílias atípicas, pois cada uma tem sua própria trajetória, que é direta ou indiretamente influenciada pelo meio em que vivemos, pelo conhecimento prévio sobre o tema e por não ter ou ter pessoas próximas que puderam auxiliar na identificação de pontos de atenção no desenvolvimento da criança.

Minha gravidez foi desejada e aconteceu após 3 meses de casada. Ao saber da notícia da gravidez, tive um pequeno episódio de crise de ansiedade, pois eu tinha muito medo do parto. O decorrer da gravidez foi bem tranquilo, sem nenhum problema gestacional. Com 36 semanas e 5 dias, minha bolsa estourou e foi necessário induzir o parto, pois eu queria parto normal. Ao completar 9 dedos de dilatação, fui levada para a sala de parto, recebi a anestesia, porém a dilatação parou por aí mesmo com outras intervenções. Desse modo os médicos acharam mais seguro fazer a cesárea. Meu filho nasceu com APGAR 8, teste feito em recém-nascidos que avalia o estado geral e vital, o peso e o tamanho considerados normais, porém com a respiração ofegante, e por isso teve que ficar na UTI Neonatal para observação. Como a respiração normalizou e não houve nenhum outro problema, ele conseguiu mamar no peito e teve alta da UTI.

Segundo Lacerda (2017, p 23), alguns fatores ou intercorrências, que são apontados em algumas pesquisas sobre o autismo, que ocorreram conosco foram: idades dos pais (mãe 35, pai 33), depressão, estresse e ansiedade, uso de antidepressivos (quando engravidei já faziam 2 anos que havia parado de tomar), nascimento prematuro, nascimento por cesárea, dificuldade respiratória fetal, ruptura prematura da membrana, gênero masculino. Apesar desses indicadores das pesquisas relacionados à gestação, 83% dos casos de autismo diagnosticados têm origem genética.

Por volta dos 8 meses de idade, minha cunhada, que é professora na creche que ele frequentava, já havia percebido algumas características diferentes em comparação às outras crianças. Essas diferenças eram pequenas, mas perceptíveis: ele não olhava quando era chamado e interagia pouco com as outras crianças. Uma profissional da escola, que já havia trabalhado com crianças especiais, fez alguns testes de audição simples com ele, e foi então que ouvimos pela primeira vez sobre Transtorno de Processamento Sensorial. Há crianças com este transtorno que não são autistas, porém todo autista o possui. O Transtorno de Processamento sensorial afeta diretamente em como o cérebro processa os estímulos do ambiente, sons, sabores, cheiros, luzes etc., no autista. O mais comum é ser hiper-reativo, ou seja, quando certos estímulos causam um grande desconforto e fazem com que eles se desregulem e entrem em crise, já outros são hiporreativos, "parecem" que não percebem o estímulo e pouco reagem à ele. Há uma terceira categoria, que é o buscador: crianças que gostam da sensação dos estímulos e buscam constantemente obter essa sensação. Levamos essa suspeita ao pediatra, porém ele disse que, por conta da idade, ainda era cedo para investigar.

    O desenvolvimento dele desde o nascimento (como peso e altura) foi normal, só com alguns pontos de atenção nas habilidades. Com uma semana de vida, ele já sorria, era um bebê durinho, sentou com apoio aos 5 meses e sem apoio aos 7 meses; aos 9 meses, ficou em pé apoiado aonde gostava de dançar e de pular no chiqueirinho, não demonstrou muito interesse em engatinhar com 4 apoios, preferia dar passos com apoio e, quando não era possível, ele se rastejava no chão até o local que queria alcançar. Quando um adulto pergunta onde está algum objeto ou pessoa, é comum a criança, à partir dos 9 meses, apontar para mostrar o que foi solicitado e este mesmo gesto acontece quando ela quer algo. Quando pedíamos ao meu filho para apontar para algum objeto ou pessoa, ele não atendia. Nossa impressão era que ele apenas ignorava e que tratava-se de uma característica de sua personalidade; quando ele que queria algo, resmungava e olhava para o que queria sem apontar e nós, adultos, nos esforçávamos para interpretar a necessidade dele para que fosse atendida. Amamentei meu filho durante 1 ano e 1 mês. A interrupção foi feita naturalmente por ele. Andou com 1 ano e 2 meses. A maioria dos marcos do desenvolvimento, até esse ponto, foi atingida por ele antes da idade esperada, porém os balbucios não ocorreram da forma típica, ele não falou as palavras "quer" ou "dá", bem como as palavras mamãe ou papai. Suas primeiras tentativas de palavras com 1 ano foram "I-a-i-a-ô" da música do "Seu Lobato". A essa altura já estávamos apreensivos com o atraso na fala, mas ainda ouvíamos de algumas pessoas para ficarmos tranquilos pois "cada criança tem seu tempo". Porém lá no fundo eu sentia que tinha algo errado.

Por volta de 1 ano e meio, como ainda não falava o que era esperado para a idade, ainda ignorava alguns comandos simples, o pediatra resolveu encaminhá-lo para avaliação de um neuropediatra. Na primeira consulta, com os testes realizados na clínica, a neuropediatra já apontou sinais compatíveis com o TEA, chegamos a realizar diversos exames e consultas com outras especialidades médicas para descartar outros possíveis problemas na audição, ou visão, ou algum transtorno ou síndrome diagnosticada por exames. Recebemos a orientação de iniciar imediatamente as terapias com fonoaudióloga e terapeuta ocupacional. Até o presente momento, não existe nenhum exame que determine se a criança possui TEA, o diagnóstico é feito com múltiplos profissionais, e após todas as avaliações necessárias e ao descartar qualquer outro tipo de problema, um neuropediatra ou um psiquiatra, que tenha conhecimento sobre o autismo, fecha o diagnóstico.

O primeiro psicodiagnóstico ele realizou com 2 anos e já apresentou características clínicas compatíveis com o TEA, que foram interação restrita com o terapeuta, amigos e tias da escola, dificuldade em sustentar o contato visual, enfileiramento de objetos, atraso na fala e desconforto sensorial tátil. Ao completar 3 anos, ele realizou um segundo psicodiagnóstico, que foi o conclusivo. Ele continuava apresentando comportamentos compatíveis com o TEA, conforme o DSM-5, que são: déficits na comunicação e interação social, déficits na reciprocidade socioemocional, dificuldade para estabelecer uma conversa, compartilhamento reduzido de interesses, déficits na compreensão e uso de gestos. Em todos os aspectos ele obteve nível 1, grau leve, que necessita de suporte para executar, compreender ou se desenvolver. Os autistas com grau leve são os mais difíceis de diagnosticar, porque muitas vezes os pais não identificam pontos de atenção que os levem a procurar um profissional. Vale ressaltar que o comportamento da criança sempre vai ser diferente dependendo do contexto em que ela está inserida, por exemplo, no nosso caso, os 2 MChat respondido por nós, os pais, não deu pontuação mínima compatível para suspeita de TEA, pois, em casa, o comportamento da criança e principalmente a demanda de interação é diferente do que ela vai precisar na escola, na terapia etc., por isso é tão importante que pais de crianças que ainda não frequentam a escola estejam atentos caso alguma pessoa próxima sugira que algo está diferente com seu filho. Quando a criança já frequenta uma escola ou creche, os professores e cuidadores conseguem avaliar se há algum aspecto no desenvolvimento da criança que precisa de atenção, ao receber esse *feedback*, cabe aos pais ou responsáveis pela criança procurar orientação de especialistas para iniciar os tratamentos mais adequados.

Muitos autistas só começam as terapias após o diagnóstico, que geralmente é tardio – principalmente nos casos leves – quando as crianças começam a ter uma demanda maior de interação social e de habilidades na escola e não conseguem acompanhar a turma.

Os especialistas defendem que a intervenção precoce, mesmo antes de um laudo definitivo, é a ideal, pois com ela é possível ajustar comportamentos inadequados, ajudar a criança a adquirir habilidades que estão em atraso e que vão ser significativas no futuro, como novas habilidades cognitivas, de interação social, motoras, emocionais entre outras. Com meu filho, pudemos perceber uma melhora significativa em diversas áreas, e há outras que ainda estamos trabalhando dia após dia com as terapeutas para alcançar um excelente resultado, ele ainda apresenta problema na fala, pois tem a língua um pouco presa e dificuldade com alguns sons e letras; ele acha que está falando certo, porém a língua e o movimento da boca não estão. Ele é muito agitado, muda o foco e perde a atenção com facilidade, temos trabalhado muito nisto pois é uma habilidade que impacta diretamente em como ele vai aprender na escola. A cada habilidade nova é uma grande comemoração para nós.

Conheço autistas adultos, diagnosticados e outros que ainda não tem diagnóstico oficial, que se desenvolveram, conseguem interagir socialmente, possuem trabalho, relacionamentos amorosos, porém o sofrimento interno dessas pessoas deixa claro que para chegar até onde estão, a vida delas, apesar de parecer normal para a sociedade, foi muito difícil, causando muita dor e sofrimento. Por isso é necessário que os pais tenham a mente aberta, para que, caso seja identificada alguma característica na criança que precisa ser observada por um especialista mais de perto, não adiem a decisão e procurem ajuda o mais breve possível. Todos os pais querem que seu filho se desenvolva bem e consiga receber uma boa educação no lar e na escola. Todas as intervenções feitas desde pequenos, na primeira infância, terão impactos significativos na vida da criança, principalmente quando ela precisar de todas essas habilidades que foram estimuladas e treinadas desde cedo ao iniciar seu processo de escolarização.

Obrigada por ler a nossa história. Caso queiram saber mais, fico à disposição nos contatos no início deste capítulo.

Um forte abraço.

Referencias

LACERDA, L. *Transtorno do Espectro Autista: uma brevíssima introdução*. Editora CRV, 2017.

STRAVOGIANNIS, A. L. *Autismo: um olhar por inteiro*. São Paulo: Literare Books International, 2021.